ÉTUDES MONTAIGNISTES
sous la direction de Claude Blum
33

Montaigne et la mauvaise foi

Cet ouvrage a été publié pour la première fois en 1998
dans la collection *Études montaignistes* dirigée par Claude Blum.

Yves Delègue

Montaigne et la mauvaise foi

L'écriture de la vérité

PARIS
CLASSIQUES GARNIER

Yves Delègue, maître de conférences à l'université de Strasbourg, est spécialiste de l'histoire des théories linguistiques. Ses travaux s'intéressent aux enjeux esthétiques, stylistiques et philosophiques de la *mimèsis*. Nous lui devons *La Perte des mots. Essai sur la naissance de la littérature aux XVIe et XVIIe siècles* (Strasbourg, 1990) et *Imitation et vérité en littérature* (Strasbourg, 2008).

Réimpression de l'édition de Paris, 1998.

ISBN 978-2-406-13262-2 (livre broché)
ISBN 978-2-8124-5949-8 (livre relié)
ISSN 0986-492X

INTRODUCTION

> «Je ments en écrivant que je ne ments pas [...], car moi-même je n'ai jamais été moi-même».
>
> Tristan Tzara, *Sept Manifestes Dada.*

Montaigne s'est plaint un jour de la façon dont les «bons autheurs mesmes», quand ils écrivent d'un grand personnage,

> choisissent un air universel, et suyvant cette image, vont rangeant et interpretant toutes [ses] actions, et, s'ils ne les peuvent assez tordre, les vont renvoyant à la dissimulation. (III-1 p.332 b)[1]

En ce qui le concernait, il s'était juré de revenir au besoin de l'autre monde pour «démentir» celui qui le «formeroit autre qu'il n'estoit» (III-9 p.983 b).

[1] J'indiquerai de cette manière mes références aux *Essais*. Les chiffres romains, puis arabes indiquent le numéro des Livres, puis celui des chapitres, suivis de la pagination dans l'édition Villey-Saulnier, Paris 1965. Les signes a, b, c, renvoient aux trois principales strates du texte (1580, 1588, 1595): si j'obéis à ce scrupule, c'est pour que le lecteur en tire comme moi la conclusion qu'aucune «évolution» n'est perceptible dans le projet de Montaigne, sinon qu'il s'approfondit et se complexifie. Il n'existe aucune vraie édition de ce texte fondateur, pour la bonne raison que les *Essais* n'existent pas à proprement parler, mais que leur pluriel désigne aussi la multiplicité de leurs états. La plus fidèle édition est celle d'A. Armaingaud (Paris, 1924-1941), qui contient les œuvres complètes en 12 volumes mais elle a disparu du commerce; j'y renverrai au moyen des initiales A.A. Toutes les autres éditions donnent à lire une vulgate composée d'un habile montage des différentes versions. Pour avoir une image réelle et complète de ce texte, il faut donc se reporter au *Corpus Montaigne*, qui, publié sous la direction de Claude Blum aux éditions Champion-Slatkine (1995), donne en trois CD-Rom, entre autres textes relatifs à Montaigne, la totalité des éditions parues de son vivant et reproduit l'exemplaire dit «de Bordeaux», qui contient les corrections posthumes de Montaigne à son texte.

Peut-on parler d'une œuvre sans suivre la partition d'un «air universel» qu'on veut y déchiffrer? Les *Essais* ont donné lieu à d'innombrables commentaires, auxquels il serait trop aisé de reprocher le vice que déplorait Montaigne. Son livre s'y prêtait plus que tout autre: la disparate y est si frappante, que la tentation première est d'y mettre ordre et unité, en y prélevant tel trait dont on fera un «air universel». Il n'est certes pas revenu de l'autre monde pour «démentir» ces images partielles, mais on peut penser qu'il aurait aimé leur diversité, et que leur assemblage constitue le plus fidèle portrait de lui-même dont il rêvait. Le risque d'erreur est minime en effet pour qui parle des *Essais:* tout y est dit, et son contraire.

N'est-il donc possible d'échapper au reproche de Montaigne qu'en le justifiant par l'absurde? Si la diversité est le trait qu'il se reconnaissait plus que tout autre, n'est-ce pas d'elle qu'il faut partir? N'est-elle pas l'«air universel» qui les interdit tous? L'étoffe des *Essais* est, à l'image de leur auteur, faite de «lopins», de «centons», comme il disait. Sous aucun prétexte il ne faut en simplifier la trame, mais seulement tenter de comprendre la nécessaire logique d'un tel éclatement.

Or pour Montaigne, le côté bric-à-brac de son livre témoignait de cette «bonne foy» dont il affirmait solennellement dès «l'entrée» de son livre qu'il en était le mérite essentiel. Il n'avait rien caché, il avait tout dit, et le pour et le contre, selon la verve de l'humeur, les caprices de l'instant. L'allure rompue, contradictoire de l'ensemble résultait de ce dessein: «l'art» de la rhétorique n'avait rien prémédité, qui ment en dissimulant le discontinu originel sous la beauté de liaisons toutes faites.

D'où l'idée de ce nouveau commentaire qui vient après tant d'autres: je me suis proposé, prenant en compte la nature fragmentaire du livre, de vérifier le parti pris de cette «bonne foy» farouchement revendiquée, c'est-à-dire d'en interroger les implications. Les unes sont évidentes: c'est le désordre, la «folie» du texte; les autres sont plus secrètes (plus importantes sans doute), qui expliquent sa nécessité, ses limites aussi jusqu'à l'échec peut-être. Car Montaigne ne parlerait pas de sa «bonne foy» (avec quelque chose de presque forcé dans le ton, qui altère la justesse de la note), si son envers, la mauvaise foi, n'était sa menace, ou à, tout le moins, le contexte d'où elle tente de s'arracher. Il faut la rendre à cet envers pour en mesurer la vérité, d'autant plus que chacun sait, dès qu'il ouvre les *Essais*, que le mensonge y est partout décrit, dénoncé, traqué. Sa puissance est telle, il définit à ce point la «condition» des hommes, qu'on se demande comment Montaigne pouvait prétendre y échapper, lui qui voulait (ce sont quasiment les derniers mots de son livre) «jouyr loiallement de son estre». – Mensonge y compris?

Il m'a semblé que ce questionnement, exemplairement posé par les *Essais,* méritait une complète attention, parce qu'il ne cessera, bien au-delà d'eux, jusqu'à nos jours sans doute, de troubler, de susciter la littérature qui naît au XVIe siècle: elle aura toujours à faire avec le soupçon jeté sur sa véridicité, parce qu'une métaphysique maligne la sous-tend, celle qui, considérant que les mots sont l'alibi trompeur des choses, fait d'eux un voile d'illusion, un leurre, un charme. Est-il possible d'écrire sans être *ipso facto* dans le mensonge? Telle est la question inouïe que Montaigne se posait, et posait à la littérature passée, à venir. Moyennant quoi, tout simplement, il inaugurait la modernité dans laquelle aujourd'hui encore nous sommes pris. On ne peut faire l'impasse sur les *Essais*, qui brassent et rebrassent cette question en tous sens et n'y apportent de solution que provisoire.

Tristan Tzara y apporte une réponse à sa façon, dans la phrase qui nous sert d'épigraphe: on y reconnaît le fameux sophisme d'Epiménide, dit «du menteur», dont Montaigne s'est une fois autorisé lui aussi. Son propos se résumerait assez bien dans ce «moi-même je n'ai jamais été moi-même» que Tzara – s'en doutait-il? – héritait de la tradition littéraire qu'il voulait détruire. Celle-ci s'est constituée à partir d'un paradoxe dont elle s'est nourrie: l'homme est un être de fiction, mais la soif de vérité l'habite. Comment peut-il être à la fois poète et philosophe, et dans les mots échapper à leur mensonge? Certaines productions ont tout entières été tendues vers l'invention d'une écriture de la vérité; d'autres se sont fort bien résignées à n'être que le luxe de l'imaginaire; d'autres encore n'ont eu de cesse qu'elles ne cassent le joujou menteur de la littérature, dans le temps même qu'elles en prouvaient la puissance. Ces trois attitudes, qui n'ont jamais été exclusives les unes des autres, sont tour à tour «essayées» par Montaigne: il y a en lui du «philosophe», fût-il «imprémédité» (II-12 p.546 c), qui espère avec ses mots piquer le vif de l'être; il y a de l'écrivain nonchalant, qui cède aux caprices des rêveries et chimères, où il «amuse» les mots de sa curiosité; il y a enfin du Dada, quand il s'insurge contre la vanité d'une rhétorique à laquelle son écriture, comme celle des autres, est bien obligée d'obtempérer. Montaigne est fait de cette diversité, et sa «bonne foy» fut d'en faire état.

A quoi il faut tout de même ajouter – désaveu de tout ce qui à partir de Descartes et dans sa mouvance se définira comme «philosophie» – que la poésie offre peut-être l'espoir d'être la seule parole de vérité. C'est par là que les *Essais* découvrent leur plus riche perspective, et Montaigne aurait peut-être conclu en ce sens, si l'audace ne lui avait pas semblé excessive. Il faudra attendre quatre siècles et Mallarmé pour que l'affirmation ne soit pas scandaleuse.

Tout commentaire, et celui-ci n'échappe pas à la règle, n'est en somme qu'un montage de citations dans un certain ordre réassemblées: il défait l'œuvre sous prétexte d'en faire éclater la «vérité», enfin! Le souhait déclaré du commentateur (engence que Montaigne n'appréciait guère) est de s'effacer une fois qu'il a ainsi redistribué les cartes, comme si elles devaient alors jouer d'elles-mêmes le jeu de la transparence. Charron, le premier commentateur de Montaigne, avait ainsi bâti son livre *De la Sagesse* des dépouilles de son modèle, et lui-même procédait souvent de la sorte pour écrire des chapitres dont il a dit une fois qu'ils «puent un peu à l'estranger». Mais il faut faire litière de cette menteuse bonne foi: un ouvrage n'a d'autre vérité que de nous reconduire à ce que nous sommes, et si nous lisons encore aujourd'hui les *Essais*, c'est que nous y voyons se lever nos questions. Je ne cherche pas à restaurer ici le «vrai» Montaigne dans son historicité à jamais perdue, même s'il n'est pas vain de la cerner pour prendre acte de notre différence et comprendre les références du passé: l'anachronisme n'est jamais une vertu. Mais il m'a paru plus important de montrer que cette œuvre-phare posait les linéaments de ce qui nous définit encore, à savoir l'inquiétude du sujet qui découvre, non sans regimber, qu'il est un être de (la) parole, et qui s'interroge sur le rapport ambigu que tous les mots, ceux, innombrables des autres, mais les siens aussi, irrépressibles, entretiennent avec la vérité. C'est grâce à ce que nous sommes devenus, qu'il nous est possible de relire les textes où il nous est donné de nous reconnaître, parce qu'ils ont préfiguré nos interrogations; et si les siècles les ont consacrés, on ne saurait oublier qu'en lecture il n'est de vérité que transitoire.

PREMIÈRE PARTIE

LA MAUVAISE FOI A L'ŒUVRE

CHAPITRE I

La «bonne foy» en question: L'avis «au lecteur».

Dès «l'entrée» de son livre, entre humour et provocation, Montaigne envoie sa «bonne foy» à la tête du lecteur, qu'il congédie quelques lignes plus loin sans façon. Il faut relire avec soin ce texte fameux, qui annonce bien des thèmes à venir.

> C'est icy un livre de bonne foy, lecteur. Il t'advertit dès l'entrée que je ne m'y suis proposé aucune fin, que domestique et privée. Je n'y ai eu nulle consideration de ton service, ny de ma gloire. Mes forces ne sont pas capables d'un tel dessein. Je l'ay voué à la commodité particuliere de mes parens et amis: à ce que m'ayant perdu (ce qu'ils ont à faire bien tost) ils y puissent retrouver aucuns traits de mes conditions et humeurs, et que par ce moyen ils nourrissent plus entiere et plus vifve, la connoissance qu'ils ont eue de moy. Si c'eust esté pour rechercher la faveur du monde, je me fusse mieux paré et me presanterois en une marche estudiée. Je veus qu'on m'y voie en ma façon simple, naturelle et ordinaire, sans contention et artifice: car c'est moy que je peins. Mes defauts s'y liront au vif, et ma forme naïfve, autant que la reverence publique me l'a permis. Que si j'eusse esté entre ces nations que l'on dict vivre encore sous la douce liberté des premieres loix de nature, je t'asseure que je m'y fusse tres-volontiers peint tout entier, et tout nud. Ainsi, lecteur, je suis moy-mesmes la matiere de mon livre: ce n'est pas raison que tu employes ton loisir en un subject si frivole et si vain. A Dieu donq, de Montaigne, ce premier de Mars mille cinq cens quatre vingts.

LA «BONNE FOY», POURQUOI?

Il y a de la forfanterie, un ton un peu bravache dans la tranquille assurance du «c'est icy un livre de bonne foy»: comment ne pas soupçonner qui se dit au-dessus de tout soupçon? Pourtant cette déclaration n'a guère alerté les lecteurs, qui lui ont en retour prêté foi. A peu près seuls, MM. de Port-Royal ont reproché à Montaigne de se rendre «aimable par une apparence de sincérité; mais il est facile de voir», ajoutaient-ils, «que tout cela n'est qu'un jeu et un artifice qui doit le rendre encore plus odieux»[1]. Rousseau précisera l'attaque: «Je mets Montaigne à la tête de ces faux sincères, qui veulent tromper en disant vrai. Il se montre avec ses défauts, mais il ne s'en donne que d'aimables: il n'y a point d'homme qui n'en ait d'odieux. Montaigne se peint ressemblant, mais de profil. Qui sait si quelque balafre à la joue ou un œil crevé, du côté qu'il nous a caché, n'eût pas totalement changé sa physionomie»[2]. Nourri de Montaigne, et quelque part son imitateur jaloux, Rousseau avait ses raisons pour suspecter l'honnêteté de son rival en sincérité: la sienne paraîtrait avérée. Depuis lors, personne n'a remis en cause celle des *Essais*; on a seulement relevé des inexactitudes, quelques feintes attribuées aux coquetteries ou à la verve gasconne du gentilhomme qui refusait de passer pour «un faiseur de livres»; on a mis en doute telle de ses affirmations (cet «incroyable défaut de mémoire», par exemple, dont il ne cesse de se plaindre, alors qu'il accumule tant de citations ou d'emprunts[3]). Ou bien surtout, les défenseurs d'un Montaigne

[1] *Logique* (1662-1680), Troisième partie chap.xx. «Odieux»: la force du terme trahissait l'attirance exercée par les *Essais* sur ces Messieurs, et Pascal, leur ami, eut l'honnêteté de la reconnaître dans sa lecture sans concession de Montaigne.

[2] *Confessions*, Préambule, variante du «Manuscrit de la Chambre des Députés».

[3] Malebranche le premier a formulé ce souçon, comme si l'accumulation de citations ou d'emprunts ne prouvait pas aussi bien que Montaigne avait besoin de les transcrire pour pallier ce défaut: «Je m'en vay escorniflant par cy par là des livres les sentences qui me plaisent, non

libre-penseur, sinon athée, ont reconnu et approuvé dans le propos déclaré des *Essais* la part de feinte nécessaire en ces temps pour faire passer entre les lignes une vérité autrement inacceptable[1].

N'entrons pas dans le jeu de ces excuses ou de ces critiques: se situant sur le terrain de la morale ou des intentions supposées, elles s'excluent du débat littéraire et philosophique où j'entends bien rester. Il ne s'agit pas de prendre parti pour ou contre Montaigne, ni de se reporter au référent social, biographique ou historique, comme si la «bonne foy» dont il se réclame devait se vérifier par la conformité du dire avec la réalité des choses, des pensées ou des actes, à supposer qu'on pût l'établir. Lui-même ne garantissait pas l'exactitude de tous ses propos: la gageure était intenable et sa mémoire défaillante:

> (a) Les Histoires que j'emprunte, je les renvoye sur la conscience de ceux de qui je les prends [...]. (c) Ma conscience ne falsifie pas un iota, ma science je ne sçay. (I-21 p. 105-106)

Affaire de «conscience»: la bonne foy de Montaigne n'est ni mesurable, ni comptable; elle ne relève pas des faits,

pour les garder, car je n'ay point de gardoires, mais pour les transporter en cettuy-cy» (I-25 p.136 c).

1 De l'*Apologie de Raymond Sebond*, le Docteur Armaingaud déclarait: «Quand on lit très attentivement ce chapitre, on constate que ce n'est qu'une feinte». Laquelle il justifiait ainsi: «Sans ce subterfuge, les nombreuses hardiesses de Montaigne eussent choqué bien des lecteurs» (*A.A.* tome 1 p. 177 et 198). Certaines déclarations de Montaigne semblent justifier cette lecture: «Ce que je ne puis exprimer, je le montre du doigt [...]; joinct qu'à l'adventure, ay-je quelque obligation particuliere à ne dire qu'à demy, à dire confusément, à dire discordamment» (III-9 p. 983 b et 995-6 c). Déjà dans son *Port-Royal*, Sainte-Beuve, pour qui Montaigne était «tout simplement la nature», ou encore la «véritable *Otaïti* de notre âme» (III-2), faisait aussi de lui «un démon malin, un enchanteur maudit», dont la ruse entraîne le lecteur dans un labyrinthe infernal à la lueur de sa bougie: «Et quand il vous a bien promené, égaré et lassé dans les mille dédales, tout d'un coup il souffle, ou d'une chiquenaude il éteint, et l'on n'entend plus qu'un petit rire» (III-3).

dont Fortune, pensait-il, dispose communément, ni des replis de quelque pensée avouée ou secrète[1], mais d'une disposition intérieure, qui seule est de l'homme.

Il faut plutôt s'interroger sur les raisons qui l'ont poussé à commencer son livre par cette profession de franchise, dont la simplicité tonitruante implique à son tour d'autres questions, celles auxquelles ce travail s'efforce de répondre.

Question de contexte: contre quelle pratique du mensonge ce défi ou cet appel est-il lancé, qui semble venir d'un homme asphyxié, comme si, cédant à l'impatience de la vérité en lui contenue, retenue, Montaigne n'avait trouvé d'autre exutoire que le livre qui s'ouvre par ces mots où l'on sent aussi de la détresse. Les livres jusque là étaient-ils à ce point menteurs, qu'il fallait enfin et pour la première fois pratiquer une écriture de la vérité? En tête de ses *Confessions,* Rousseau amplifiera la plainte, ici tout juste sensible, du «seul homme vertueux qui». Viennent alors en mémoire ces autres lieux des *Essais*, dont la force soudaine déchire la page et arrête la lecture, parce que Montaigne y crie rageusement sa «faim» de se faire connaître, de s'exposer «tout nu»:

> Je suis affamé de me faire connoistre; et ne me chaut à combien, pourveu que ce soit veritablement; ou pour mieux dire, je n'ay faim de rien, mais je crains mortellement d'estre pris en eschange par ceux à qui il arrive de connoistre mon nom. (III-5 p. 847 b)

> Je ne laisse rien à desirer de moy. Si on doibt s'en entretenir, je veux que ce soit veritablement et justement. (III-1 p. 791 b)

> Quel que je me fasse connoistre, pourveu que je me fasse connoistre tel que je suis, je fay mon effet. (II-17 p. 653 a)

[1] Quitte à heurter peut-être, disons que, si Montaigne combat pour ou contre nombre d'idées, il n'a pas de «pensée» à défendre, mais qu'il défend la pensée, c'est-à-dire qu'il «essaie» de penser honnêtement dans et avec son écriture, comme Socrate avec sa parole.

Cette fureur d'être soi-même aux yeux des autres, chez un homme qui par ailleurs se donne pour la nonchalance, la «mollesse» même, renvoie à une expérience de la «mauvaise foy» généralisée, dont les *Essais* font à chaque page le constat, et dont il importe de mesurer les effets.

Question textuelle ensuite: pourquoi Montaigne a-t-il établi un lien nécessaire entre l'exercice de la «bonne foy» et l'écriture de son livre? Pourquoi ne lui a-t-il pas suffi de vivre «honnestement», tel qu'il se décrit lui-même dans sa vie journalière? Pourquoi, sur le tard, s'est-il lancé dans ce qu'il jugeait être une «sotte», une «fantastique», une «hasardeuse entreprise», que rien jusque là n'avait laissé prévoir, et dont lui même s'étonnait? On a risqué des explications, généralement circonstancielles (l'ennui de la retraite, par exemple, comme si «l'oisifveté» suffisait au génie), mais aucune ne cherche à établir un rapport existentiel entre la rédaction des *Essais* et l'exercice de la «bonne foy». Il faut poser l'hypothèse simple, que l'écriture s'est imposée à lui, parce qu'elle lui est apparue comme la seule pratique, le dernier recours, pour expérimenter cette exigence, toute «fantastique» qu'elle était.

Mais la question rebondit aussitôt: les *Essais* sont-ils vraiment «un livre de bonne foy»? Portent-ils en eux les marques de leur véracité, c'est-à-dire de leur réussite? A quoi les remarquer? Car, si le mensonge compose l'air même dont nous vivons, comment est-il possible de respirer ailleurs et autrement? Pour dénoncer le réseau leurrant où l'on étouffe, suffit-il de courage dans l'aveu, comme saint Augustin l'avait pensé, comme Rousseau le croira à son tour, ou de lucidité simplement? Il faut certes admettre, sous peine de nullité, que la «bonne foy», affirmée d'entrée de jeu avec tant de détermination, constitue l'armure archangélique de tout le livre, mais si «l'intention juge nos actions», comme dit l'un des titres du livre, elle n'en préjuge pas le résultat. Le doute est d'autant plus sérieux que Montaigne ne manque pas de se demander si le moyen choisi, l'écriture, est adapté à l'effet escompté. Elle aussi figure au nombre des «imaginations» qui trompent la vie. Si «se mesler d'escrire» est bien une «resverie», croit-il échapper au mal par le mal? La question est pressante, car elle concerne la légitimité du projet: peut-on ne pas écrire dans le mensonge? Suffit-il de s'écrire soi-même, nuement, pour se saisir en vérité? Il se pourrait que la mauvaise foi soit mussée jusque dans l'énoncé qui la dénonce, jusque dans l'instrument chargé de la vaincre.

On se demande alors si Montaigne, lorsqu'il affirme avec tant de solennité sa bonne foy, n'est pas plutôt poussé par le doute de jamais pouvoir la faire triompher. Peut-être cherche-t-il moins à mettre le sceau de sa vérité sur tous ses dires, qu'à seulement, modestement, «essayer» les «limites», les «bornes», les «barrière» (ce sont ses termes préférés) qui interdisent de transgresser la loi du mensonge; limites, bornes, barrières qui tiennent non à quelque feinte du caractère, à quelque réserve du dessein, mais à ce dessein lui-même. Seule, l'expérience de l'écriture pourra décider de ce qu'est «un livre de bonne foy», et si un tel livre est même possible.

LES RUSES DU SCÉNARIO.

De ce doute, le lecteur est avisé par le sourire qui, au terme de ce texte inaugural, le congédie désinvoltement et le prie de ne pas poursuivre sa lecture. Quelle ruse cache cet enjouement? Quelle vérité dans ce sourire? Placé sous les auspices de la franchise, cet Avis en montre la double limitation, de fait et de droit.

«C'est icy un livre de bonne foy, lecteur. Il t'advertit dès l'entrée que je...». Qui parle «icy», en ce début? Mais y parle-t-on même? Le «**c'est icy**» impose au lecteur le jeu muet d'un geste, d'une désignation simple, qui, énoncée d'une voix anonyme, est consignée dans une écriture neutre, blanche. Elle n'avoue pas son lieu d'émission. Massif, volumineux, «Calme bloc ici-bas chu d'un désastre obscur», peut-être, «fait, étant»[1], le livre est «icy», venu d'on ne sait où, posé, exposé à l'évidence du regard, mais refermé sur lui-même, attendant la main amie qui l'ouvrira. A cette fin, passé son titre, il offre à la curiosité désirante du lecteur sa «bonne foy», qui pourrait faire son sous-titre: *Les Essais ou la bonne foy du Sr. de Montaigne*.

Or voilà que soudain, par une esquisse furtive de prosopopée (mais on ne sait toujours pas qui rapporte ces paroles), le livre brise le silence, prend la parole, donnant à croire peut-être qu'il s'était auto-désigné au lecteur: «**il** t'advertit dès l'entrée...». Dès le seuil, le livre-monument (*moneo*, j'avertis) fait entendre sa voix, mais c'est pour la redonner aussitôt à un «je» («**il** t'advertit que **je**») dont le statut n'est pas défini: cette seconde voix sort-elle d'outre-tombe, du monument-tombeau de ces pages closes qui en étaient le dépositaire? Est-ce la voix du mort qui fait, grâce au livre, retour sur terre? Ou bien survient-elle de son dehors vivant pour présenter le livre-objet après le geste théâtral de la désignation? A quoi bon cette mise en scène discrètement dramatique, où deux acteurs jouent devant le lecteur, qui ne demandait rien, l'étrange comédie du passe-parole? Qui, usant d'une voix diffractée, parle enfin dans ce faux silence? Et surtout, la «bonne foy», qui vient de nous être promise, n'est-elle pas contredite «dès l'entrée» par les feintes de son énonciation?

En réalité, le «c'est icy», comme tout démonstratif, renvoie implicitement au «je» de celui qui fait le geste de la désignation, et que l'adresse au «tu» du lecteur implique également. Cette comédie, nous l'avions instinctivement compris, avait pour fonction d'introduire le «je» de l'auteur, cette figure posthume, qui apparaît dès lors que l'œuvre est achevée, et que l'écrivant a terminé sa tâche. Vrai rôle de

---

1 On s'étonnera sans doute des rapprochements que je serai amené à faire entre Montaigne et Mallarmé. Je les crois nécessaires, en vertu d'une logique de l'histoire dont ce travail indiquera peut-être quelques linéaments. Je renvoie à l'étude intitulée *Mallarmé, le suspens*, que je publie à Strasbourg (P.U.S.) en même temps que celle-ci.

composition théâtrale, l'auteur est ici ce personnage qui se fait un masque, un porte-voix de son livre auquel il prête soudain la parole; sous couleur de le présenter, de le juger, il s'arroge une dernière fois le droit de se faire entendre. Etrange comédie, dans laquelle la voix blanche d'une fiction relaie les voix mortes du livre, comme s'il fallait refuser que son achèvement en fût la fin!

Pourquoi la résurgence d'un «je» qui contredit la suggestion du livre-tombeau? Pourquoi ce «je» éprouve-t-il la nécessité d'ajouter une sorte de codicille à son testament? Comment a-t-il échappé à cette peinture du «moi», dont nous apprendrons bientôt qu'il fait tout le sujet du livre («c'est moy que je peins»; «je suis moy mesmes la matiere de mon livre»)? Quelle défaillance ce supplément d'une voix posthume vient-il réparer, ce que souligne le discret fondu-enchaîné dont elle use pour se présenter aussitôt au passé («je ne m'y suis proposé»; «je n'y ai eu nulle consideration»; «je l'ay voué»), et s'identifier après coup à la voix de l'écrivant qui œuvrait dans le livre? Pourquoi ressusciter cette voix, comme si un obscur remords l'obligeait à se justifier encore? A croire que le livre n'y suffira pas et que le procès de son innocence est toujours à instruire. Une brume de culpabilité traîne ici, que la seule profession de la «bonne foy» aurait dû suffire à dissiper[1].

Il y a comme de la gêne dans tout ce scénario, et l'on se prend à douter: l'auteur mettrait-il tant de conviction pour déclarer sa «bonne foy», si «dès l'entrée», il n'avait conscience qu'elle fait problème? N'était-ce pas, sous forme d'une

---

[1] On pense à la réponse que Roland Barthes donnait à l'interviewer qui lui demandait ce que représentait pour lui, par rapport à ses livres, l'entretien télévisé qu'il venait d'avoir avec lui: «Comment pourrais-je concevoir que ce que je dis par la parole puisse aller plus loin que ce que j'ai écrit? La définition même de l'écrit, c'est d'être absolument une sorte d'excès, une sorte de bout. On ne lâche une écriture que quand elle a été jusqu'au bout. Revenir sur le propos d'un écrit pour monnayer ce propos, le traduire en paroles, c'est une incongruité, une sorte de régression» (Entretien télévisé, réalisé en 1970 par Jean-José Marchand, *Archives du XXe siècle*).

dénégation déguisée en positivité, avouer qu'au départ elle ne peut se déclarer que sous forme de mensonge? Proclamer la bonne intention qui vous meut ne suffit pas à vous tirer de l'enfer d'où elle s'énonce: la «bonne foy» de Montaigne consiste peut-être à rappeler une évidence que chacun s'ingénie à nier, à oublier pour le moins: le mensonge est notre nature. Le premier geste de la «bonne foy», sa première preuve, consiste à reconnaître ce dont elle s'arrache[1].

A le faire reconnaître surtout: la force de ce début trahit en fait un dessein polémique. La fausse certitude de Montaigne sonne comme un défi lancé aux autres écrivains, qui, sous couvert de faire œuvre utile, se complaisent dans la vanité ou la fausseté. Pour sa part, il n'a eu «nulle consideration [du] service» de son lecteur, ni de sa propre «gloire». Les autres, s'autorisant du savoir accumulé depuis des siècles, livrent leur science avec un tel sérieux, un tel aplomb, qu'elle se donne pour l'évidence et ne soupçonne jamais ses présupposés. Ainsi se constitue l'inébranlable tradition du savoir. Ces gens-là écrivent des livres de morale, de philosophie, de théologie, de fiction même. Mais leur autorité repose sur le vide. Ici nous ouvrons un livre de bonne foy, c'est-à-dire un livre qui, se repliant sur lui-même, assigne à celle-ci un double statut: elle inspirera sa manière, son style, son écriture, mais surtout elle définira la matière dont il se nourrira. Ainsi se donnera-t-il sa propre justification et offrira la garantie que tout lecteur devrait exiger de l'auteur, s'il ne lui faisait pas aveuglément confiance. Autant dire, et Montaigne le dit avec son sourire, que ce livre-là est un livre sur rien, qui ne parle que de sa légitimité à n'être rien, qui traite d'un sujet «si frivole et si vain», qu'il ne vaut même pas la peine d'être ouvert[2]. Adieu donc, Lecteur! En ces temps où

---

1 La bonne foy eût été moins claironnante, mais plus sincère, si Montaigne avait écrit: «Ce n'est pas ici un livre de mauvaise foy»: on eût mieux perçu la force de l'adversaire et l'incertitude du triomphe.

2 «Et [je] ne traicte de rien que du rien, ny d'aucune science que celle de l'inscience» (III-12 p. 1057 c).

les livres étaient une marchandise coûteuse, précieuse, la provocation était de taille. Les livres sont chers, sous-entend Montaigne, mais le mien a l'avantage d'avouer son vide, alors que le savoir sans fondement remplit de vent le volume des autres: leurs auteurs ont-ils jamais avancé les raisons de leur fiabilité? S'expliquent-ils sur leurs présupposés, sur les artifices de leurs procédés? Ils font passer pour vrai ce qui, ne reposant sur rien, ne signale jamais (inconscience? mauvaise foi?) son inconsistance: le rien s'y donne pour quelque chose, alors que dans le mien, le rien s'y donne pour rien, ce qui en fait le prix, sinon le coût. Pas de science ici, mais ses prolégomènes, c'est-à-dire que le sujet de l'écriture (un auteur sans renom) est le seul garant de ce qu'il écrit. La mauvaise foi infuse la masse des livres, qui, non seulement ne reconnaissent pas leur «inscience», mais feignent d'ignorer qu'une conscience est le support de toute écriture, et qu'il faut s'assurer d'elle avant de rien entreprendre. Propos grave: Montaigne jette les fondements de toute œuvre à venir, qui devra s'enraciner dans la certitude que le sujet de l'écriture, «l'autheur», prend de lui-même avant de lancer son premier mot[1].

C'est bien sûr à son propre livre que Montaigne adresse cette mise-en-garde. Conscient de son audace et des protestations qu'elle va entraîner, il dévalorise prudemment son entreprise. S'il ne fait pas œuvre utile, œuvre de science, c'est que ses «forces ne sont pas capables d'un tel dessein». Hommage de la vertu au vice: il faut tout de même de la force pour bâtir les Sommes du faux savoir. Son livre ne contient rien de ce qui satisfait l'attente ordinaire des lecteurs; c'est une sorte d'album de famille où la franchise est le précipité sans valeur de sa faiblesse et de sa lâcheté; elle est défaut d'art, celui qui fait les livres utiles, fussent-ils menteurs. Coquetterie d'auteur? Feinte humilité? Le

---

[1] Voir sur ce thème Y. Delègue, «Montaigne ou l'auteur impossible» in *Revue des Sciences humaines*, 1995.

mea culpa est ambigu: l'orgueil du novateur conscient de sa vérité s'exprime à mots couverts, mais il se double d'une réelle humilité et d'un doute: la vraie force ne serait-elle pas de vaincre le mensonge sur son terrain, au lieu de l'esquiver dans la facilité d'une «bonne foy» insaisissable, sans nets contours? La question ressurgira en son temps, quand Montaigne s'interrogera, sur le bien-fondé des sciences.

Nous ne sommes pas au bout de nos surprises. Notre auteur n'est peut-être pas avide de gloire, mais il l'est de sa postérité; et le voici qui prend la pose pathétique du mourant. Son livre, album-tombeau, est voué «à la commodité particuliere de [s]es parens et amis» qui, après sa mort attendue pour bientôt, garderont «plus entiere et plus vifve» sa mémoire. Il écrit contre l'oubli. Pourtant, en 1570, date de sa «retraite», Montaigne est toujours en pleine santé; âgé de trente sept ans, et doué d'un bonne constitution comme son père, il lui reste vingt deux années à vivre. En «ce premier de Mars mille cinq cens quatre vingts», jour où il signe cet Avis, il a certes subi depuis peu les premières atteintes de la pierre, mais ce n'est pas d'elle qu'il mourra en 1592[1]. Pourquoi joue-t-il ce jeu du quasi moribond? Sans doute faut-il penser qu'il ne s'apitoie pas sur sa mort fantasmée (aussi bien, il nous dira comment il put l' «apprivoiser», au chapitre «De l'exercitation», II-6), mais sur l'extinction de ce filet de voix, qui tout à l'heure refusait justement de mourir parce que la bonne foy y repose. C'est elle, le tout de son rien, la part secrète de lui-même, qui se perd avant l'heure au livre-tombeau; c'est elle la vérité qui a suscité le livre où elle s'enterre, maintenant que le voici refermé sur lui-même. On comprend pourquoi la voix tout à l'heure tentait de ressurgir:

---

[1] Quoiqu'on en dise parfois, à trente sept on est encore jeune au XVIe siècle. Pasquier nous a appris que Montaigne est mort d'une «esquinancie», qui lui «tomba sur la langue», c'est-à-dire d'un étouffement qui, paralysant sa gorge, tua cette voix où il logeait sa vie et sa vérité. Mallarmé, cet autre grand diseur, fut lui aussi victime d'une paralysie de la glotte.

elle contenait non les accidents d'une vie, mais le vif de l'être[1].

La vanité n'est donc pas ce qui pousse Montaigne à s'immortaliser dans la mémoire des siens. Il ne s'était signalé jusque là par rien qui méritât d'être conservé sur des tablettes. Dans sa famille, comme en nombre d'autres de son rang, on consignait sur un «livre de raison» les grandes dates privées: le père de Montaigne en avait tenu registre sur son *Ephemeris historica* de Beuther, et Michel continuera la tâche. Sa voix n'est pas celle d'un héros à la Plutarque, dont les hauts faits méritent d'être conservés, mais tout simplement la sienne, celle de tout le monde, celle d'un héros du quotidien, qui confie à ses proches, non la mémoire de ses actes mais sa marque d'existant, cette voix menacée. Il fallait sauver de l'oubli la modestie en tant que telle de son personnage, à l'encontre d'une littérature ordinairement consacrée aux figures héroïques: la nouveauté résidait dans la «frivolité» du sujet.

Il faut donc à Montaigne des lecteurs capables d'entrer dans ce dessein. Il écarte ceux qui estimeraient son livre au seul poids des matières réputées utiles: avec la désinvolture qu'on sait, il renvoie ces fronts studieux à leurs chers mensonges: «Ce n'est pas raison que tu employes ton loisir en un subject si frivole et si vain. A Dieu donq». Je cherche, pense Montaigne, le *happy few* des lecteurs à ma convenance; me suivra qui m'aimera, qui voudra entrer dans la famille de mes «parens et amis», c'est-à-dire de ceux qui, me pardonnant de faire l'auteur, ce personnage toujours forcé de jouer les grandeurs, à quoi l'oblige la scène du livre, partageront l'intimité de ma personne. Ceux-là seront attentifs au son de ma voix dans l'écriture, parce que la voix est dans tout sujet la Présence qui refuse de mourir dans la lettre, elle est ma

---

[1] La contradiction déjà se noue ici, dont les *Essais* ne cesseront de se nourrir: la voix, où s'incarne au plus pur le souffle de l'esprit, a besoin de la lettre, qui est terre et matière, pour survivre, au risque d'y mourir.

vérité[1]. Seuls, ils comprendront que mon titre «Essais», dénie quelque haute figure, mais incite à trouver la permanence de cette voix dans la fragmentation de l'ensemble. Qui saura l'entendre dans la lettre écrite, ressuscitera un sujet qui a pris le risque de se perdre dans l'espoir de se sauver. Un signe témoigne de cette volition: tout à l'heure le «je» parlait au passé, parce qu'il était celui de l'auteur qui regarde devant lui l'œuvre achevée dont il s'est dissocié; maintenant il s'affirme au présent, s'identifiant pour une dernière fois à celui que le livre a consommé: «Je veux qu'on m'y voie...», «je t'asseure que je...» etc. L'autorité du livre est scellée par ce gage si faible et si fort d'authenticité: une Présence à qui l'on est prié d'accorder en retour sa «foy».

LES RUSES DE L'ÉCRITURE

Nous voici tout de même un peu soulagés: la mise en scène de ce début aiguisait le soupçon de mauvaise foi, contredisait l'affirmation de son contraire: il fallait en percevoir l'implicite. Mais nous ne sommes pas quittes pour autant: tous ces détours nous alertent sur les pièges de l'écriture.

Ainsi, qu'en est-il de la «bonne foy» promise? En quoi au juste consistera-t-elle? Ceux qui, passant outre l'interdit de lecture, ouvriront le livre, ne vont pas y déchiffrer une écriture dépositaire d'une voix, comme ils l'attendaient peut-être, mais ils y «verront» la «peinture» d'un Montaigne en tous ses états, en toutes ses postures: «Je veus qu'on m'y voie [...] car c'est moy que je peins»; «je m'y fusse très-volontiers peint tout entier»; il contient les «traits» d'un personnage qui aimerait se montrer «tout nud». Autrement dit, ce livre est un leurre, où

[1] La voix est la vérité de l'auteur dans son texte: Montaigne inaugure, me semble-t-il, le leurre d'une tradition qui a duré le temps de notre littérature, et qui est loin d'être morte de nos jours. Quelle est cette voix métaphorique, par quoi l'on désigne quelque secrète essence? J'ai abordé ce thème cursivement dans un article, «La littérature-ventriloque» (*Poétique*, novembre 1987). Il faudra y revenir.

rien n'est à lire ni à écouter. La lettre et la voix sont les images feintes d'un tableau, où est représenté un «je» extériorisé en «moi». Montaigne esquisse le subterfuge de la littérature en train de naître, qui s'efforcera de masquer le vrai de son exercice grâce à une double substitution: l'écriture se fait parole, puis celle-ci peinture. Tel est le mensonge auquel est contraint l'écrivain qui se prend pour modèle. Le *Ut pictura poesis* a déjà introduit le soupçon sur l'ordre discursif tout entier: l'image, mieux encore que la voix, est le lieu où la Présence se révèle, car les mots ne diront jamais la totalité des choses, ne combleront jamais l'écart qui les sépare originellement d'elles. Ce sont deux ordres contraires, hétérogènes. Si l'écrivain est celui qui use du langage pour compenser le désastre du Temps et de la Mort et se projeter à la face de l'Etre, il sait que cet instrument est ce qui, nous détachant de cela même qu'il veut rattraper, nous installe «dès l'entrée» dans l'erreur. Comment avec des mots retrouver ce dont les mots nous écartent[1]? Telle est la contradiction dont cet Avis instruit le Lecteur. La «faim de se faire connoistre», qui oblige Montaigne à sa plume, ne serait pas si violente en lui, s'il n'avait ressenti, comme nous le montrerons, l'efficace du leurre premier qu'est l'apprentissage de la parole. Que peut la «bonne foy» dans ces conditions? Tout juste peut-être mesurer les limites de son désir et l'échec de ses promesses.

L'Avis, outre la comédie du scénario initial, par trois de ses repentirs, nous en fait concrètement l'aveu. Montaigne avait d'abord écrit: «Si c'eust esté pour rechercher la faveur du monde, je me fusse paré de beautez empruntées ou me fusse tendu et bandé en ma meilleure demarche», ce qui revenait à dire qu'il ne l'avait pas fait. Plus tard, se relisant, il perçoit que, pour les besoins de la montre, il s'est laissé aller à une insupportable prétention de vérité, et il corrige sur son

---

1 Sur ce thème essentiel à mes yeux, lire *La Perte des mots. Essais sur la naissance de la littérature aux XVIe et XVIIe siècles*, Strasbourg, 1990.

exemplaire, dit «de Bordeaux»: «Je me fusse mieux paré et me presanterois en une marche estudiée». La plume d'oie, malgré qu'on en ait, se fait plume de paon: on ne peut s'écrire soi-même qu'en se «parant» (même mal!), et, quoi qu'en dise la phrase remaniée, la «marche» décrite sera quelque peu «estudiée». Les repentirs sont des aveux: on ne gomme pas d'un trait l'écriture, et il ne suffit pas d'en oublier l'existence. Elle est ce fard qui masque la vérité de la peinture.

Ce que confirme le regret d'avoir dû céder aux injonctions de «la reverence publique»: les convenances sociales interdisent d'effaroucher les lecteurs par la peinture des nudités, à la différence de ces «nations qu'on dict vivre encore sous la douce liberté des premieres loix de nature»». Progrès ou décadence? La liberté du temps de Rabelais est perdue. Depuis que le concile de Trente s'est achevé en 1563, le moment est venu où l'on cache les nudités, où l'on casse les sexes des statues. Les temps modernes ne supportent pas la vérité toute nue, et l'ont donc rendue impossible, alors que les conventions sociales et rhétoriciennes sont inconnues des sauvages primitifs. Du moins est-ce ce qu'«on dict»: cette réserve dans l'affirmation jette sur ce rêve de primitivité le doute que pareille sincérité soit quelque part permise. Question de la rumeur, de la véracité des témoignages: Montaigne n'a pas la naïveté de ceux qui croiront au «bon sauvage», et l'on verra que même les «cannibales» vivent dans le mensonge.

Et puis enfin, pourquoi, à la fin de cet Avis, Montaigne joue-t-il au petit jeu des dates, vraies et fausses tout ensemble? La première, «ce premier de Mars mille cinq cens quatre vingts», correspond à la réalité de sa rédaction, à ce moment où il envoie son manuscrit à l'éditeur. Mais ignorait-il qu'en plaçant au début du livre ce texte écrit dix ans après l'avoir commencé, il n'en définissait pas les contours exacts? Ce qui ne pouvait manquer de frapper le lecteur d'alors (et celui encore que nous sommes toujours), lorsque, ayant passé outre l'interdit de lecture, il tombait sur le premier chapitre et les suivants: il y était débattu de questions guerrières, du mensonge des paroles; où y trouvait-on la peinture promise d'un homme «tout nud»? Nouvelle provocation? Quelle arrière-pensée, quelle ruse dissimulait cette stratégie de lecture? Pourquoi avoir ensuite par deux fois modifié cette date selon les éditions? Il écrit «ce 12 juin 1588», pour celle (la troisième) parue cette même année, qui joignait le troisième Livre aux deux précédents, ce qui constitue un faux manifeste. Sur le tard, pris par un scrupule d'honnêteté sans doute, il porte de sa main sur son exemplaire, «ce 12 de juin 1580»; mais cette fois il mêle l'erreur à l'exactitude. La défaillance de la mémoire et la nonchalance finissent toujours par tromper le menteur. L'écriture tend ses pièges à chaque mot. Mais qui s'agissait-il de tromper, même bénignement? Et pourquoi?

QUESTION D'IDENTITÉ

Manquements véniels, dira-t-on. Certes, mais pourquoi sont-ils possibles, inévitables peut-être? Il faut aller plus loin que les convenances sociales ou les leurres de l'écriture, gagner ce point où est en cause l'identité de celui qui œuvre. L'Avis fait éclater aux yeux de qui le lit attentivement cet inquiétant constat: l'auteur est un être double, à la fois objet et sujet de lui-même, qui ne sait au juste à laquelle de ces parties il doit s'identifier et se fier pour être «de bonne foy». C'est pourquoi il jouait dès l'entrée l'étrange pantomime qui nous intriguait: la voix en surnombre, détachée du livre, s'essayait à diverses poses comme pour fédérer l'ensemble de la personne; mais la dualité revient, dont on ne voit pas comment elle pourra jamais être réduite. «C'est moy que je peins»; «je m'y fusse tres volontiers peint tout entier». Captieuse évidence de ces formules[1]: car entre le «je» qui

[1] Même insouciance ailleurs: «A Madame de Duras. [...] Vous y reconnoistrez ce mesme port et ce mesme air que vous avez veu en sa

peint et le «moi» peint, entre ces deux sujets de la peinture, l'un actif, l'autre passif, ici hâtivement réunis, confondus, peut-on omettre la distance, la différence? Lequel est le vrai Montaigne? Est-il dans ce partage? Et puis, comment se fier à une peinture dont l'acte a été si mal défini, et dont le modèle, toujours «paré» de couleurs «plus nettes» que dans la réalité, est de surcroît toujours muable? Le portrait ne sera jamais achevé, il sera toujours à refaire, toujours en chantier. Il y aura toujours distorsion entre la finitude obligée du geste et la finition rêvée du tableau. Le «c'est icy» avouait dès le début la distance qui n'avait cessé d'être entre le livre et son auteur, la dualité/duplicité inhérente au «livre de bonne foy», au livre dont la seule bonne foy possible consistait peut-être à reconnaître son impossibilité.

Question de l'identité, disions-nous: qui est, qu'est Montaigne, sinon le lieu où ces parts contraires se cherchent et se fuient, sinon le château de la conscience pure, qui permet au signataire de se désigner du nom de son terroir, de son origine? «De Montaigne, ce premier de Mars...».

A moins qu'il ne faille comprendre autre chose dans cette seconde formulation, apparemment semblable aux précédentes: «Je suis moy-mesmes la matiere de mon livre». Qu'est cette «matiere» du «moy-mesmes» si sûr de lui, où s'opère la fusion du je et du livre, sinon la matérialité de l'écriture en acte, en train d'explorer l'inconnu? Le sujet actant se perçoit, non plus dans l'achèvement du portrait, mais dans le mouvement de sa réalisation, dans le maniement des mots au bout de la plume où se projette l'image du moi à capturer. Le je, le moi, les mots, la main sont pris dans la même force, dans le même souffle, grâce auxquels le château de la conscience n'est plus le lieu desséché de quelque prévaléryenne pureté de soi, mais le support de la vie, cet élan

---

conversation. Quand j'eusse peu prendre quelque autre façon que la mienne ordinaire et quelque autre forme plus honorable et meilleure, je ne l'eusse pas faict; car je ne veux tirer de ces écrits sinon qu'ils me representent à vostre memoire au naturel» (II-37 p. 783 a).

qui fait être les choses et les emporte: la Poésie en quelque sorte[1].

Montaigne tentera continuement de se saisir dans cet acte où il expérimente l'unité de sa personne. Comme tant de peintres de son temps, pris au mirage de leur figure au chevalet, il écrit le premier livre spéculaire, où l'auteur cherche moins sans doute à figer ses traits, qu'à surprendre le geste de la peinture, qu'à replier sur elle-même l'écriture pour en percer le secret.

Vainement, sans doute. L'acte de la parole est irréductible à la parole; la vie n'a pas de comptes à rendre au langage: il est sa créature. Montaigne ne se défaira jamais du sentiment que la parole est son leurre: ses *Essais* sont «de papier», à jamais différents de ces «Essais en cher et en os»[2] qui sont la vie même, et que le «papier» n'explique en rien pas plus qu'il ne s'explique lui-même. Ainsi le livre est-il pris dans un mouvement de relance indéfinie; le peintre y court asymptotiquement vers une double réconciliation: celle de je à moi, celle du geste à son intelligence. La mauvaise foi est tout entière dans ce partage, cette blessure, et l'on peut craindre que, loin d'y apporter remède, le recours à l'écriture-peinture ne les agrandisse, si elle en est la cause.

> Je ne veux donc pas oublier encor cette cicatrice, bien mal propre à produire en public: c'est l'irresolution, defaut tres-incommode à la negociation des affaires publiques. (II-17 p. 653-4 a)

Les *Essais* ont proliféré dans cette «cicatrice» jamais refermée, que Montaigne appellait son «irrésolution». Ils ont entraîné là

---

1 Cf III-2 p. 806 b: «Il ne peut advenir ce que je voy advenir souvent, que l'artizan et sa besoigne se contrarient [...]. Icy, nous allons conformément et tout d'un trein, mon livre et moy. Ailleurs, on peut recommander et accuser l'ouvrage à part de l'ouvrier; icy, non: qui touche l'un, touche l'autre».

2 III-5 p. 844 b. Cf. III-9 p. 992 c: «Tel faict des Essais qui ne sauroit faire des effects».

encore derrière eux la littérature à venir, qui, de façon plus ou moins déguisée, ne cessera de mettre en scène le sujet de l'écriture, un sujet non pas épris narcissiquement de lui-même, comme certains après Pascal («le sot projet qu'il a de se peindre») l'ont reproché à Montaigne, tandis que d'autres le chériront pour cette raison, mais un sujet désireux de réunir, jusqu'à l'extase de soi au besoin, les parts divisées de son être: là où la mauvaise foi s'enracine.

Le lecteur qui, cédant au double jeu de la provocation et de la séduction qui caractérise cet Avis, enfreint l'interdit de l'«Adieu donq» et ouvre «curieusement» le livre, ne mesure pas le risque qu'il prend: celui de sa propre perte. Sainte-Beuve avait-il raison? Il y avait peut-être du diabolique dans l'ironie avec laquelle Montaigne conviait «ses parens et amis», nous-mêmes, à le lire «au vif», et à découvrir sa «forme naïfve»: cette naïveté ouvrait sur la plus grande complexité, là où il n'est pas aisé de démêler la «bonne foy» de la mauvaise.

CHAPITRE II

«L'institution» de la mauvaise foi

Le moi, dont Montaigne promettait à son lecteur la peinture, était fait de ses pensées, non des accidents de sa vie. Aussi est-il avare de ces renseignements biographiques dont nous sommes aujourd'hui si cupides. Nous aimerions par exemple trouver dans son livre assez d'éléments pour comprendre comment il fit l'apprentissage et l'expérimentation de la mauvaise foi. Nous sommes contraints de rassembler quelques indications éparses, qui par bonheur semblent aller dans le même sens[1]. Au départ, il y eut cette fameuse «institution» que Pierre Eyquem, le père de Michel, avait conçue pour ce dernier. Il l'avait voulue novatrice, parfaite: elle fut incohérente; les contraires s'y sont mêlés avec obstination. Le résultat fut l'apprentissage de l'artifice et du partage.

L'ENFANCE PAYSANNE.

> Je suis né et nourry aux champs et parmy le labourage». (II-17 p. 652 a)

En effet, «dès le berceau», son père l'avait envoyé «nourrir» à un pauvre village des siens, où il demeura «au delà du temps normal de nourrice» (III-13 p. 1100 b). Le procédé n'avait

[1] On se reportera à l'étude scrupuleuse de Roger Trinquet, *La Jeunesse de Montaigne*, Paris, 1972, pour rétablir, autant que faire se peut, la réalité de cette enfance. Les indications de Montaigne sont souvent assez embrouillées et peu précises, elles ont été justement suspectées. Je ne refais pas ici l'histoire «vraie» du jeune Montaigne: je m'attache à l'image qu'il en a gardée et qu'il nous restitue souvent à son insu; ainsi, même l'imprécision ou le brouillage de ses souvenirs témoigne de sa vérité.

rien d'exceptionnel à l'époque, mais Montaigne en note la durée anormale: ce n'était certes pas une marque de désintérêt, il fallait donner à l'enfant le goût du terroir, le sens des réalités concrètes, lui faire partager la pauvreté, l'humilité du peuple. Sur ce point, ce fut l'échec; le jeune Montaigne n'a pas acquis la moindre familiarité avec les choses de la terre; il a dit longuement son ennui du «mesnage», c'est-à-dire son incapacité à régir l'héritage paternel, au point que, devenu vieux, il ne savait pas encore

> la difference de l'un grain à l'autre, ny en la terre, ny au grenier, si elle n'est par trop apparente, ny à peine celle d'entre les choux et les laictues de mon jardin. Je n'entens pas seulement les noms des premiers outils du mesnage, ny les plus grossiers principes de l'agriculture. (II-17 p. 652 a)

Pour celui qui succédait au «meilleur pere qui fut onques», et devait donc s'efforcer d'en être digne, la défaillance était grave. Peut-être avait-il au moins sympathisé avec ces paysans, dont il avait partagé la vie. Son père voulait en effet qu'il pût «se rallier avec le peuple», aussi l'avait-il encore fait tenir sur les fonts baptismaux, dit-il, par «des personnes de la plus abjecte fortune, pour m'y obliger et attacher» (III-13 p. 1100 b). Ainsi s'abattraient les barrières séparant le haut et le bas de la société, l'enfant vivrait de plain-pied avec la pauvreté. L'idée était généreuse, mais là encore ce fut l'échec. Les «ames populaires», les «simples gens», voire les «mendiants» ne cesseront certes de représenter pour Montaigne un idéal de liberté et de rigueur, d'ignorance et de savoir, où il placera l'image fantasmatique d'un bonheur impossible. Car loin de partager cet Eden champêtre, il aura toujours le sentiment d'en avoir été exclu. De cette expérience enfantine il a tiré la leçon de sa différence, et une sorte d'envieuse nostalgie. Non sans avoir toutefois acquis le sens de sa supériorité:

> Je m'adonne volontiers aux petits, soit pour ce qu'il y a plus de gloire, soit par naturelle compassion, qui peut infiniment en moy. (III-3 p. 1100b)

La condescendance protectrice du supérieur envers l'inférieur était habituelle en ces temps, mais, chez Montaigne, elle prouve qu'il n'a pas acquis ce sens de l'égalité que sa vie au milieu des «petits» devait lui inculquer. Tout enfant, on lui reprochait le mauvais pli de la fierté, et peut-être même un peu de morgue aristocratique:

> Dès ma tendre enfance, on remerquait en moy je ne sçay quel port de corps et des gestes tesmoignants quelque vaine et sotte fierté. (II-17 p. 632-633 a)

«Sotte», à coup sûr, mais prévisible: le jeune Montaigne pouvait-il ne pas percevoir la distance qui le séparait de ces gueux auxquels on voulait le «rallier», et ne pas en conclure sa supériorité?

Les bonnes dispositions du père envers «le populaire» n'allaient pas en effet jusqu'à effacer les clivages sociaux. Michel, fils de gentilhomme, ne devait pas souffrir de ce contact avec l'humilité. Il n'avait pas connu la vie du château, mais lorsqu'il y revient, on lui ménage un régime totalement différent. Après la misère et la rudesse, l'aisance et le confort mêlés aux contraintes d'un dressage strict. Il est «assez soigneusement dressé» (comprenons: très sévèrement) aux lois de la civilité convenables à son rang, au point que, devenu vieux, il se sent encore capable d'en tenir école (I-13 p. 48 c). Tandis qu'on le moule à ces nouvelles exigences de la vie en société, on lui dispense un régime «toute douceur et liberté, sans rigueur et contrainte»; pas de «verges», mais l'éveil de sa «volonté non forcée et de son propre desir» (I-26 p. 174 a)[1].

---

[1] «Ils disent qu'en mon premier aage je n'ay tasté des verges qu'à deux coups, et bien mollement» (II-8 p. 389 b). Cf. II-17 p. 643 a): «Mon enfance a esté conduite d'une façon molle et libre et exempte de

Tant d'incohérence dans cette première éducation était lourde de déconvenue; le contact des «simples gens» fit perdre à Montaigne sa propre simplicité. Il avait parmi eux expérimenté une liberté naturelle au cœur de la pauvreté: maintenant on lui imposait la contrainte d'une liberté artificielle. Dès sa première enfance, il connut le porte-à-faux d'une existence double, qui fit miroiter en lui l'image idéalisée de la vie populaire, du «vulgaire»[1], image d'autant plus désirable qu'elle lui était désormais inaccessible et qu'elle contredisait son propre état. Il dresse souvent, à côté des grands héros antiques, les «pauvres gens» en modèles du bonheur vertueux, comme si en ces derniers survivait la tradition de la vieille Rome, celle des soldats-paysans qu'il admire. Ils lui semblent concilier sans effort rudesse et finesse, bon sens et instinct, vigueur et douceur, aveuglement et lucidité, toutes parts qui en lui s'opposent confusément. Les regrets qui doublent cet éloge, s'ils expriment la déception inhérente à tout fantasme, trahissent une expérience du partage. Montaigne s'est dès le départ aliéné dans des images auxquelles il lui est refusé de s'identifier, mais dont il jouira, nous le verrons, comme d'un spectacle.

L'APPRENTISSAGE DU LANGAGE

Dans le même temps, c'est-à-dire «en nourrice[2] et avant le premier desnouement de [sa] langue» (I-16 p. 173 a), on

---

sollicitude». La douceur sera pour Montaigne la vertu première de toute éducation.

[1] Il y a vulgaire et vulgaire. Montaigne méprise celui qui compose la masse indistincte de ceux, dont il ne s'exclut pas («nous sommes tous du vulgaire»), nobles ou roturiers, qui suivent sottement les préjugés communs et sont victimes des apparences. Ce terme et ses quasi synonymes («peuple», «populaire») mériteraient une étude lexicale. Montaigne n'éprouve aucune sympathie pour ce que nous appelons «les masses»: c'est là que les pires débordements sont possibles. Mais il envie et admire le peuple des campagnes qui fait son entourage.

[2] C'est ainsi que Montaigne rectifie l'ordre des choses sur l'exemplaire de Bordeaux. Mais le texte de 1580 disait: «justement au partir

lui inculquait le latin à l'exclusion de toute autre langage: ce fut la nouvelle modalité que Pierre de Montaigne, mû par une passion soudaine et brouillonne pour la modernité[1], décida brusquement d'appliquer à son fils. Le latin, langue du savoir, de la beauté, de la grandeur, serait la langue maternelle de l'enfant, et l'on sait comment tout son entourage, jusqu'aux villageois, dut «latiniser», tandis qu'un Allemand, grand parleur de latin, assisté de «deux autres moindres», l'avait «continuellement dans les bras». La méthode était sans exemple, et cette fois la réussite ne le fut pas moins:

> Quant à moy, j'avois plus de six ans avant que j'entendisse plus de François ou de Perigourdin que d'Arabesque. Et, sans art, sans livre, sans grammaire ou precepte, sans fouet et sans larmes, j'avois appris du latin, tout aussi pur que mon maistre d'eschole le sçavoit. (I-26 p. 173 a)

Il fit l'admiration de savants considérables, Grouchi, Guerente, Bucanam, Muret, qui furent aussi ses «precepteurs domestiques» (ibid p. 174). Le cas du petit Montaigne nourrissait la rumeur: la science n'avait plus partie liée avec les livres et le fouet; elle était comme naturalisée.

---

de la nourrice». R. Trinquet (op. cit. p. 188-189) s'appuie sur cette première version pour conclure que l'apprentissage du latin, par la méthode que nous nommerions aujourd'hui «directe», dut commencer au retour de l'enfant au château, c'est-à-dire à l'âge de deux ou deux ans et demi, une fois qu'il eut quitté le village de sa «nourrice». L'on ne peut que lui donner raison. Mais si Montaigne a modifié sa première version, contre la vraisemblance, c'est que sa mémoire avait effacé tout souvenir d'une autre langue maternelle que le latin, et qu'il n'avait gardé aucune trace des bribes du périgourdin qu'il entendit chez sa nourrice.

[1] Cette «méthode directe» était inspirée d'Erasme, pour qui elle n'était guère qu'une utopie. Les nouveaux professeurs du Collège de Guyenne, alors en pleine rénovation en ces années 1532-1533, avaient persuadé Pierre Eyquem de l'appliquer à Michel, qui, à peu près seul en France, en fit à ses frais l'expérimentation. Ces remarquables humanistes étaient nourri de la pensée érasmienne en matière d'éducation: latin parlé et douceur des méthodes éducatives. Pierre, sous leur influence, changea brutalement sa propre méthode. Je reprends à R. Trinquet ces indications qu'il a amplement développées dans sa *Jeunesse de Montaigne*.

L'ignorance de ce «si bon pere» en matière d'éducation n'avait d'égal que son enthousiasme, et pas plus que «les gens sçavans et d'entendement» qui l'avaient conseillé (les régents du Collège de Guyenne, sans aucun doute), il ne s'était interrogé sur les conséquences d'une «si exquise culture». Car le miracle tenait à une mise en scène d'illusioniste: on donnait l'apparence du naturel au comble de l'artifice; Michel apprenait à parler «sans art» la langue de l'art, de la convention; on l'ouvrait à la vie au moyen d'une langue déjà morte, sauf dans le mirage de ces Humanistes pour qui l'avenir était dans sa renaissance, et le réel dans la vie antérieure. Montaigne allait bientôt comprendre que le mensonge avait été, avec les meilleures intentions du monde, la règle de son «institution». Entre la parole vraie et la fausse, entre les mots et les choses, l'écart ne sera jamais comblé. Car il fallut que le jeune homme désapprît bientôt ce latin parlé, faussement vivant, ce dont se chargea le Collège où son père, pris d'un doute tardif et faisant à nouveau marche arrière, l'envoya quelques années plus tard[1]. Le latin ne sera plus que sa langue de lecture, de culture; et, en quelque sorte, son remords sa vie durant, comme s'il s'était toujours senti de de ce côté-là orphelin de sa mère:

> (a) Quant au Latin qui m'a esté donné pour maternel, j'ay perdu par des-accoustumance la promptitude de m'en pouvoir servir à parler: (c) ouy et à escrire, en quoy autrefois je me faisoy appeller maistre Jean. (a) Voylà combien peu je vaux de ce costé-là. (II-17 p. 639)

Il en garde l'image splendide d'un passé de l'histoire, qui coïncide avec le passé de sa propre enfance, image leurrante, décevante:

---

[1] Une dizaine d'années plus tard, explique R. Trinquet, la ferveur pour le latin était tombée. Sans doute est-ce la raison pour laquelle «le bonhomme, ayant extreme peur de faillir en choses qu'il avoit tant à coeur, se laissa enfin emporter à l'opinion commune» (I-26 p. 175 a).

> Les polices, les mœurs loingtaines me flattent, et les langues; et m'apperçoy que le latin me pippe en sa faveur par sa dignité, au delà de ce qui luy appartient, comme aux enfans et au vulgaire. (ibid. p. 634 c)

Le latin appartient au monde de l'enfance, que «pippent» d'autant plus les belles images qu'elles sont «loingtaines». On va voir à quel point elles ont charmé Montaigne enfant, qui dès ce moment a expérimenté que le langage habille d'apparence les choses: il est cette plus générale des formes que «l'imagination» projette sur elles pour les masquer, les dénaturer, pour mouler la réalité à sa façon. On peut penser qu'il n'aurait pas avec tant de force souligné la distance qui sépare le «dire» et le «faire», si au départ il ne l'avait éprouvée.

Ce que confirme le sentiment de n'avoir jamais eu de langue à lui, depuis qu'il a été dépossédé du latin qui lui était «comme naturel» (le «comme» avoue le doute et le manque jusque dans la nature et l'origine): il ne lui revient que dans les «extremes et soudaines esmotions» (III-2 p. 810 b)[1]. Le reste du temps, il navigue entre plusieurs idiomes sans en bien pratiquer aucun:

> Mon langage françois est alteré, et en la prononciation et ailleurs, par la barbarie de mon creu: je ne vis jamais homme des contrées de deçà qui ne sentit bien evidemment son ramage et qui ne blessast les oreilles pures françoises. Si n'est-ce pas pour estre fort entendu en mon Perigourdin, car je n'en ay non plus d'usage que l'Alemand; et ne m'en chaut guere. (II-17 p. 639 b)

La langue d'oc, portée par son accent, offusque déjà les «oreilles pures» des courtisans parisiens. «A Paris, je parle un

[1] Comme ce jour où, voyant «[son] pere tout sain se renverser sur [lui], pasmé», il élança «du fond des entrailles les premieres paroles Latines» (III-2 p. 810 b). Naturelle conjonction du père et du latin, chez ce fils aimant et reconnaissant.

langage autre qu'à Montaigne» (III-5 p. 875 c), et il impute à sa «condition singeresse et imitatrice» cette façon de se couler dans les formes qui ne sont pas les siennes. Ce n'est pas qu'il désavoue son parler provincial, mais il ne se reconnaît dans aucun: et il lui arrive de rêver d'une sorte d'espéranto de la vérité, qui serait composé aussi bien du gascon que du langage propre «aux hales de Paris». (I-26 p. 172 c)

LE MIRAGE ANTIQUE

La familiarité de Montaigne avec le latin, langue du passé, devait naturellement le plonger dans le passé de cette langue: isolé par elle, coupé du monde, il allait par une nécessaire revanche faire des fictions latines, celles de la poésie notamment, sa réalité fabuleuse: «Dès ma premiere enfance, la poësie a eu cela de me transpercer et transporter» (I-37 p. 232 c). Les mots du latin lui ont ouvert dès ses premières années un monde merveilleux d'images livresques, et ce fut son monde à lui, le seul qu'il pût habiter. Sans doute est-ce là qu'il s'est fait décisivement autre, qu'il s'est révélé à lui-même et aux autres dans sa différence:

> Le premier goust que j'eus aux livres, il me vint du plaisir des fables de la Metamorphose d'Ovide. Car environ l'aage de sept ou huict ans, je me desrobois de tout autre plaisir pour les lire: d'autant que cette langue estoit la mienne maternelle [...]. Par là j'enfilay tout d'un train Virgile en l'Æneide et puis Terence, et puis Plaute, et des comedies italiennes, lurré tousjours par la douceur du subject. (I-26 p. 175 a)

Montaigne a sept, huit ans; le «leurre» des «fables» est si fort sur lui, qu'il exclut tout autre «plaisir»; il le retranche dans la chimère splendide et dangereuse de la littérature, dont les mots captivent au sens propre ceux qui s'y laissent séduire[1].

---

[1] Ronsard a dit, dans l'*Hymne d'automne* notamment, combien sur lui aussi ce charme des fictions antiques avait opéré. Rousseau comme

Il faut dater de cette entrée en littérature l'influence décisive exercée sur lui par ce qu'il faut bien appeler un mirage antique[1], dont toute sa vie, on le verra, il essaiera de se débarrasser dans la mesure où il l'avait attiré. La fiction était devenue son milieu naturel. La Boëtie l'attira parce qu'il reconnut en lui «une ame à la vieille marque» (II-17 p. 659 a), «un esprit moulé au patron d'autres siecles que ceux cy» (I-28 p. 194 a). Constamment il revient sur le prestige qu'exercent sur lui les ouvrages anciens: leur comparer ce qu'il écrit le déprime, tant il se juge «pygmée et populaire à la proportion d'aucuns siecles passés» (II-17 p. 647 a). La tête est un mystérieux résonateur: il ne peut résister à «ce grand et esclatant lustre des noms romains que nous avons en la teste» (II-32 p. 726 a).

> Il me plaist de considerer leur visage, leur port et leurs vestemens; je remache ces grands noms entre les dents et les faicts retentir[2] à mes oreilles. (III-9 p. 997 b)

Puissance des «noms» de la littérature: un enfant songeur «considère» la stature des héros anciens, que leurs «noms», longuement «remachés», ont la vertu de faire surgir et de cristalliser dans son imaginaire: de son regard à ses oreilles de l'intérieur, en passant par la bouche, un étrange trajet fait

---

Montaigne est né à l'existence à travers les récits du passé qu'en compagnie de son père il lisait des nuits durant, jusqu'au chant matinal de l'alouette. C'est encore un point qui les relie, avec, pour prix à payer de pareille douceur, l'aliénation dans l'irréalité: «la littérature» s'est sentie coupable des mensonges qu'elle entretient dans l'imagination et s'est cru obligée de les justifier.

[1] Ce que j'appelle «mirage antique» n'est pas un phénomène dont le seul Montaigne fut l'objet. Il fut l'apport culturel de l'Humanisme, qui affecta la pensée et la conduite pendant des siècles où l'Antiquité, promue au rang de modèle, entretint la nostalgie et la culpabilité de générations entières. Je ne crois pas qu'on ait essayé d'évaluer les raisons et les implications de ce mouvement. Le cas de Montaigne me paraît intéressant, parce qu'il est le témoignage le plus éclatant de ses conséquences ambiguës.

[2] L'édition Villey-Saulnier porte à tort «retenir»

circuler ces «noms», qui prennent, grâce à ces lourdes et pleines images sensorielles, la consistance d'une réalité merveilleuse: Socrate, Alcibiade, Epaminondas et tant d'autres, dont les *Essais* nous détaillent «l'esclatant lustre» à ses yeux. Le narrateur-enfant de la *Recherche du temps perdu* fera lui aussi résonner le nom de Swann et de bien d'autres héros ou lieux dans l'imaginaire de ses oreilles

La force de ce mirage se mesure à la façon dont il a masqué la réalité, au point d'en dégoûter Montaigne et de lui en rendre l'accès impossible. Il a trop chéri une Rome d'Epinal, «la vieille Rome» paysanne et bourrue, non cette Rome «sçavante qui se ruyna soy-mesme» (II-12 p. 488 a) et qu'il unissait dans son rêve avec les simples gens des campagnes:

> Me trouvant inutile à ce siecle, je me rejecte à cet autre, et en suis si embabouyné que l'estat de cette vieille Rome, libre, juste et florissante (car je n'en ayme ny la naissance ny la vieillesse) m'interesse et me passionne; (III-9 p. 997 b)

> A l'aventure que le commerce continuel que j'ay avec les humeurs anciennes, et l'idée de ces riches ames du temps passé me degouste et d'autruy et de moy mesme; ou bien que, à la verité, nous vivons en un siecle qui ne produict les choses que bien mediocres [...] (II-17 p. 658 a).

Fausse alternative: comment jugerait-il de la «médiocrité» de son temps, s'il ne s'était «embabouyné» du passé? Montaigne est trop lucide sur lui-même pour ne pas se douter qu'il y a un lien entre son dégoût du présent et ses chimères du passé. Mais les choses en sont là: les livres ont instauré un partage entre le monde tel qu'il va et la grandeur telle qu'elle fut, si bien que la vie en est devenue impossible. Le mensonge est logé dans l'une et l'autre de ces parts: rêve et réalité sont également peu fiables.

Plus tard, avec l'âge, Montaigne regrettera que le charme de ses premières lectures ait perdu de son pouvoir:

> Cette vieille ame poisante ne se laisse plus chatouiller, non seulement à l'Arioste, mais encore au bon Ovide: sa facilité et ses inventions qui m'ont ravy autresfois, à peine m'entretiennent-elles à cette heure. (II-10 p. 410 a)

Aussi s'est-il réfugié dans la poésie solide des anciens, celle de Virgile, d'Horace, de Lucain surout:

> Quand je voy ces braves formes de s'expliquer, si vifves, si profondes, je ne dicts pas que c'est bien dire, je dicts que c'est bien penser. (III-5 p. 873 a)

Est-ce dire qu'il s'est débarrassé du leurre? N'est-ce pas plutôt qu'il s'est laissé prendre à un autre, d'autant plus captieux qu'il se donne pour l'ailleurs de la vérité?

> Les escrits des anciens, je dis les bons escrits, pleins et solides, me tentent et remuent quasi où ils veulent; celuy que j'oy me semble tousjours le plus roide; je les trouve avoir raison chacun à son tour, quoy qu'ils me contrarient. (II-12 p. 569-570 a)

Ces «escrits des anciens» sont «pleins» des choses, lourds de la réalité, les mots en livrent l'essence transfigurée. Mais voilà! au lieu du calme espéré au monde des Idées, c'est la lutte des vents contraires et la tempête sous le crâne de Montaigne. La Vérité elle-même se dissipe dans une écume de pensées aussi diverses que raisonnables.

PORTRAIT D'ENFANT

Ces quelques données, éparses dans les *Essais*, ne suffiraient pas à composer le portrait de l'enfant Montaigne, si lui-même n'y avait pourvu. Il a dressé l'image de celui qu'il pense avoir été alors. Voulant expliquer pourquoi «les fruits ne furent pas repondans à une si exquise culture», il disculpe son père et incrimine «le champ sterile et incommode» de sa complexion:

> Quoy que j'eusse la santé ferme et entiere, et quant et quant un naturel doux et traitable, j'estois parmy cela si poisant, si mol et endormi, qu'on ne me pouvoit arracher de l'oisiveté, non pas pour me faire jouer. Ce que je voyois, je le voyois bien, et soubs cette complexion lourde, nourrissois des imaginations hardies et des opinions au dessus de mon aage. L'esprit, je l'avois lent, et qui n'alloit qu'autant qu'on le menoit; l'apprehension, tardive; l'invention, lasche; et après tout un incroiable defaut de memoire (I-26 p. 174 a).

Je reviendrai sur cet «incroiable defaut de memoire», qui surgit de façon inattendue pour clore cette accumulation de ce que Montaigne nomme ses «facultés bastardes»: on peut douter que ce fut là un caractère inné, dont aurait résulté l'échec de son éducation. Pour l'heure, ce qui frappe dans la description de ce comportement enfantin, c'est une série de clivages, dont on peut penser qu'ils furent le résultat, non la cause de son éducation ratée.

Premier clivage, la dualité corps / âme[1]: dans le jeune Montaigne, les facultés mentales, fragiles jusque dans leur vivacité, avaient comme investi et conquis son corps vigoureux; elles en avaient fait leur citadelle où elles semblaient s'être retranchées pour y poursuivre à part et en sécurité leurs «imaginations». Le corps, dominé, était privé de

---

1 J'utilise ce second terme, si fréquent sous la plume de Montaigne, dans le sens qu'il lui donne couramment pour désigner l'ensemble des facultés spirituelles et intellectuelles (esprit, jugement, pensée etc.) qu'il a bien du mal le plus souvent à distinguer: l'âme renvoie finalement pour lui à ce que nous appellons le «sujet», c'est-à-dire en chacun le point, toujours fuyant, d'identification de soi à soi. Il arrive plus rarement à Montaigne d'user de ce terme dans son sens philosophique ou théologique, comme dans «l'Apologie», par exemple, où il passe en revue les idées canoniques dont ce terme a été l'objet.

sa liberté native; il restait en retrait des choses, au point que l'enfant, replié sur lui-même, ne se mêlait pas à ceux de son âge pour partager leurs jeux. Mais dans un second clivage, corps et âme sont eux-mêmes soumis à l'attraction de pôlarités contraires, l'une faite d'allégresse et de légèreté, l'autre de pesanteur, de lenteur. Le corps de Montaigne, malgré sa «santé ferme et entiere», malgré sa «douceur», toutes qualités qui le rendaient «traitable» aux mouvements du monde, est en réalité «mol», «poisant», «oisif»: c'est, somme toute, celui d'un lourdaud, à qui tout mouvement semble inutile, sinon interdit. D'autre part, si son imagination suscitait en lui des visions «hardies», des «opinions» qui étaient déjà celles d'un adulte, son «appréhension»[1], c'est-à-dire cette faculté qui saisit la réalité et permet de vivre en accord avec elle, était «tardive», lente, tout comme son «esprit» était «lent», et son «invention», «lasche»[2].

On imagine un enfant précoce, adulte avant l'âge, dont on dirait aujourd'hui qu'il est un rêveur. Replié dans son monde intérieur que peuplent des «pensées hardies», des visions claires, il est absorbé par les jeux fictifs de ses lectures, il vit à part des autres, à part de lui-même. Lui qui se dira plus tard «tout au dehors et en evidence, nay à la societé et à l'amitié», parce que sa «forme essentielle est propre à la

---

[1] Même jugement, légèrement adouci, lorsque Montaigne se décrit dans son âge adulte: «L'apprehension, je l'ay lente et embrouillée; mais ce qu'elle tient une fois, elle le tient bien et l'embrasse universellement» (II-17 p. 652 a). Montaigne a dû lutter pour s'ouvrir au monde, et il y est parvenu.

[2] «J'ay l'esprit tardif et mousse», dit-il encore de lui (II-17 p. 651 a). On est surpris de voir Montaigne accuser la lenteur de son «esprit», qui est ordinairement pour lui une faculté brouillonne, semant le désordre, le «dérèglement»; c'est «l'esprit trouble-fête», «rabat joie», qui ayant suscité en lui par excès de vie les «monstres et chimeres fantasques», lui a interdit la paix espérée de son «oisiveté» (I- 8). Je ne pense pas qu'il faille entendre ici par «invention» cette partie de la rhétorique où les «lieux» du discours étaient rassemblés, mais, déjà au sens moderne, la faculté de concevoir des idées à soi: la vivacité des «imaginations» en Montaigne était en quelque sorte passive; il accueillait les images de ses lectures avec soumission plutôt qu'il n'en forgeait de nouvelles à son gré.

communication» (III-3 p. 823 b), dut s'arracher à ces délices intérieures où il s'était d'abord exilé. Et l'on se dit que, s'il décida en 1570 de rompre avec les affaires du monde et de «se retirer sur le sein des doctes Muses», comme le porte l'inscription qu'il fit peindre alors sur les murs de sa «librairie», ce fut peut-être, sans qu'il en ait eu clairement conscience, pour retrouver cette jouissance de soi qu'il s'octroyait enfant, lové sur lui-même. Ce repli de l'âme dans le corps des Muses fait songer à une sorte de position fœtale, que souligne la totale absence de la figure maternelle dans les *Essais*, hormis dans ses substituts que sont «notre mère Nature», ou le latin, cette «langue maternelle» qui lui octroya son premier bonheur.

«LE MEILLEUR PERE QUI FUT ONCQUES»

Absence de la mère, mais présence continue du père. Montaigne ne manque jamais l'occasion de célébrer les vertus exceptionnelles de ce «meilleur pere qui fut oncques» (I-28 p. 185 a), en qui il a décidé de ne voir que des qualités pour mieux s'accuser lui-même de n'en avoir pas été digne: cette culpabilité ne le quittera pas, dont il faut tenter de demêler la sourde pesanteur. C'est pourtant ce père qui fut l'agent responsable de ses dichotomies et qui a exercé sur lui une véritable fascination, jusqu'au fétichisme:

> Je n'ay point chassé de mon cabinet des longues gaules que mon pere portoit ordinairement en la main. (II-18 p. 664 c)[1]

Montaigne pousse l'identification jusqu'à ne s'habiller que «de noir et de blanc, à l'imitation de [son] pere», alors que les

[1] Dans le même passage, Montaigne signale qu'il garde de tous ses ancêtres des objets qui leur appartenaient: sceau, poignard, harnois, épée, livres etc. Ces objets d'usage courant témoignaient d'activités propres à chacun. Mais à quel usage étaient destinées ces «longues gaules» dans la main paternelle? Insignes de la puissance, où il est peut-être trop facile de reconnaître des symboles phalliques, que le fils aura eu soin de s'approprier après la mort de ce «Père Idéal».

Français sont «accoutumez à [se] biguarrer» (I-36 p. 227 a). Il a laissé de lui un éloge complet dans une addition au chapitre «De l'yvrongnerie» (II-2 p. 343-344 c):

> Il parloit peu et bien; et si, mesloit son langage de quelque ornement des livres vulgaires, sur tout Espaignols [...]. La contenance, il l'avoit d'une gravité douce, humble et tres modeste. Singulier soing de l'honnesteté et decence de sa personne et de ses habits, soit à pied, soit à cheval. Monstrueuse foy en ses parolles, et une conscience et une religion en general penchant plustost vers la superstition que vers l'autre bout. Pour un homme de petite taille, plein de vigueur et d'une stature droitte et bien proportionnée. D'un visage aggreable, tirant sur le brun. Adroit et exquis en tous nobles exercices [...]. Je l'ay veu, pardelà soixante ans, se moquer de nos alaigresses, se jetter avec sa robbe fourrée sur un cheval, faire le tour de la table sur son pouce, ne monter guere en sa chambre sans s'eslancer trois ou quatre degrez à la fois [...]. Et de soi, juroit saintement estre venu vierge à son mariage.

Tous ces traits permettent d'entrevoir ce que fut l'influence exercée par ce père modèle, dont les «alaigresses» défiaient l'enfant effacé, timide que fut Montaigne. Dans ce portrait d'un homme fait à l'évidence pour la vie sociale, à peine relève-t-on le défaut de ce que nous nommerions la culture, ce qui explique le soin qu'il dépensa pour que son fils y accédât. En dépit de sa «contenance modeste», il était doué des vertus physiques et morales dont Montaigne déclare n'avoir pas cessé d'inspirer sa propre conduite[1].

---

[1] Ses «humeurs desbauchées» lui avaient notamment interdit la pureté des moeurs paternelles: «Jamais homme n'eut ses approches plus impertinemment genitales» (III-5 p. 890 b), dit-il de lui-même, et il a perdu le souvenir, tant il remonte loin dans son enfance, de la «rencontre» qui lui fit perdre son pucelage: «Et peut on marier ma fortune à celle de Quartilla, qui n'avoit point memoire de son fillage» (III-13 p. 1087 b). L'absence de regret laisse entendre que la supériorité paternelle sur ce point n'est peut-être pas un avantage.

Si ce «très bon père» fut pour Michel un père idéal, ce fut dans un autre sens, plus complexe, de l'expression: il a représenté dans son imaginaire le «Père idéal», tel que Mustapha Safouan, par exemple, en a analysé la structure et la fonction[1]: la force d'aliénation d'une telle figure semble s'appliquer presque mot à mot au cas de Montaigne enfant.

Pierre Eyquem a représenté l'ordonnateur implacable, la statue figée du Commandeur, par là même toujours déjà morte; une statue «aveugle sur la vérité du désir» de son fils, et cela d'autant plus que, se passionnant pour son «institution», il en inventait une si rare, si théorique, qu'elle faisait de lui un simple objet d'expérimentation. Prêtons à ce Père idéal l'intériorité que dans son imaginaire lui supposa peut-être Michel: il dut rêver de former un Fils idéal, qui, devant acquérir ce qui lui faisait défaut, ne pouvait que désespérer le fils réel.

C'est Pierre encore qui dans ce dernier a «*renforcé la fondation du désir sur la loi dans son aspect négatif* d'interdiction» par quoi il incluait la loi dans le désir[2]. Ce rôle fut rempli par Pierre d'une manière étrangement subtile: il avait décidé, dit Montaigne,

> de me faire gouster la science et le devoir par une volonté non forcée et de mon propre desir, et d'eslever mon ame en toute douceur et liberté sans rigueur et contrainte. (I-26 p. 174 a)

Mais tant de «douceur et liberté» dissimulait la rigueur d'une loi implicite, celle que lui avaient «conseillée» les pédagogues érasmiens par lui consultés: la contrainte était déguisée en

---

[1] «La figure du Père idéal et ses incidences sur le rapport du sujet à la vérité», in *Etudes sur l'Oedipe*, Seuil 1974, p. 44-51.

[2] M. Safouan, op. cit. p. 44. Le père réel, loin d'opposer la loi au désir, fait tout pour les accorder, et à ce titre il ne marque pas vraiment la conscience de l'enfant. Rappelons que «le père idéal» est une construction imaginaire de l'enfant, dont celui-ci a besoin pour structurer sa propre personne.

«volonté non forcée»; l'enfant était obligé d'être libre, et son «désir» sommé de se soumettre. De cette façon il «pelota» les déclinaisons grecques comme en jouant, mais il en garda peu de chose; et si chaque matin il était réveillé «par le son de quelque instrument», encore le réveillait-on de force. En réalité, c'est dans les «songes» de la littérature que son «désir» prit consistance.

On peut aussi penser que Pierre, suscitant en Michel *«l'identification narcissique»* à sa personne, lui a en fait interdit «toute rencontre avec l'objet» de son désir réel; «le sujet va masqué à cette rencontre, comme étant ce qu'il n'est pas: à savoir ce semblable non semblable qui possède ce dont il se croit dépourvu, le *phallus*», précise M. Safouan, signifiant par là que le Père idéal est un rival aussi vénéré qu'inaccessible, qui pousse l'enfant à sacrifier son propre désir, son pouvoir de s'affirmer comme ce qu'il voudrait être[1]. Figure dominante, Pierre a maintenu dans l'enfance celui dont il rêvait de faire mieux que son double: il lui imposait les contradictions dont il voulait l'affranchir.

L'AMITIÉ

A vrai dire, Montaigne a vraiment gagné son indépendance en 1558, lorsqu'il rencontra La Boëtie. Il avait vingt cinq ans, La Boëtie, vingt huit. Quatre ans plus tard l'ami mourait. Cette rencontre fit en quelque sorte pivoter son existence: elle marqua le terme de son enfance et dura le

---

1 Op. cit. p. 45. On objectera peut-être que Pierre ne fit pas obstacle aux pulsions érotiques de son fils (voir ci-dessus note 49); mais l'époque n'était pas encore puritaine, et Montaigne, enfant précoce jusque dans son corps, jouissait, on l'a vu, d'une «santé ferme et entiere»:«Aussi eus je de bonne heure du poil sous l'aisselle, et ma barbe precoce etonna ma mere», dit-il de lui-même, sous le couvert de Martial dont il cite les vers (III-13 p. 1087 b). Le «désir» dont il est ici question visait très largement la possession pleine de la vie; et sa privation est résumée par l'absence dans les *Essais* de la figure maternelle (sauf à travers Martial ou quelque autre poète): le Père idéal, dit encore M. Safouan «constitue un terme qui *s'oppose*, et jamais ne le satisfait, *au désir de la Mère*» (p. 46).

temps de sa vie d'homme. Après quoi vint, si on l'en croit, l'âge d'une vieillesse prématurée: il eut le sentiment de n'avoir vécu que pendant ce très court laps de temps. Ma vie, dit-il,

> si je la compare toute aux quatre années qu'il m'a esté donné de jouyr de la douce compagnie et societé de ce personnage, ce n'est que fumée, ce n'est qu'une nuit obscure et ennuyeuse. Depuis le jour que je le perdy, [...] je ne fay que trainer languissant. (I-28 p. 193 a)

Cette «nuit obscure» d'une vie qui «se traîne» en quête du disparu, fait songer, sur le mode laïque, à celle dont saint Jean de la Croix a chanté la souffrance. Montaigne parle de l'amitié en termes mystiques. Elle fut si exceptionnelle («c'est beaucoup si la fortune y arrive une fois en trois siecles», p. 184 a), que les mots du langage ordinaire sont incapables d'en rendre compte. Tout y tient du mystère:

> (a) Il y a, au delà de tout mon discours, et de ce que j'en puis dire particulierement, ne sçay quelle force inexplicable et fatale, mediatrice de cette union [...]. C'est je ne sçay quelle quinte essence de tout ce meslange, qui, ayant saisi toute ma volonté, l'amena à se plonger en la sienne; (c) qui ayant saisi toute sa volonté, l'amena à se plonger et perdre en la mienne, d'une faim, d'une concurrence pareille. (a) Je dis perdre, à la verité, ne nous reservant rien qui nous fut propre, ny qui fut sien ou mien. (I-28 p. 188-189)

L'amitié relève déjà de ce «je ne sais quoi», qui au siècle suivant fera le sublime; et si les mots ne sont pas là pour la dire, c'est qu'elle échappe à leur mensonge. La vérité se vit, elle ne se dit pas, elle s'expérimente dans ce qu'elle a d'ineffable et de quasiment céleste.

La vérité de l'amitié a ceci en propre, qui justement la situe hors discours, que, loin d'effacer la dualité, elle la donne à vivre en l'exaltant. Les contradictions n'y sont pas résolues, mais renversées miraculeusement en certitude de soi; elles se vivent, contre toute raison, sur le mode de l'unité, de l'harmonie; dans l'amitié, l'aliénation se fait découverte de soi. Dans le chapitre qu'il lui a consacré («De l'Amitié» I-28), Montaigne essaie de décrire l'entrelacement de ces paradoxes, en quoi consiste tout son mystère.

Comment se fait-il que, mise en mouvement par une «force inexplicable et fatale», qui bouscule l'une vers l'autre deux destinées, elle soit en même temps l'acte de la «liberté volontaire» (p. 185 a)[1], dans lequel les deux partenaires ont le sentiment de s'être choisis. La liberté de l'élection mutuelle s'exerce au cœur de la contrainte, de même que la «volonté» s'éprouve dans l'instant où elle «se plonge» et «se perd» dans celle de l'autre.

D'où cet autre paradoxe, où s'entend une résonance évangélique: on ne se trouve qu'à condition de se perdre. La possession de soi s'obtient par la dépense et le don de soi. C'est parce que Montaigne s'est fait autre, s'abandonnant «tout entier à son ami», tout autant que ce dernier s'abandonnait à lui, qu'il s'est trouvé. L'amitié fait l'expérience d'une sorte d'aliénation salvatrice, dans laquelle chacun se découvre dans l'image externée de soi que lui présente l'autre, dans le regard que ce dernier porte sur lui, et réciproquement.

L'amitié a la soudaineté, la violence d'une passion comme les autres: elle arrache le sujet à lui-même, elle le met «hors de lui», et cette dissociation de l'être permet la «soudure fraternelle». Mais la dualité n'est pas effacée; au contraire, et c'est un autre paradoxe, l'unité s'éprouve dans la distinction. Le partage dont souffrait Montaigne, loin de

---

[1] Cette expression reprend en le renversant le titre du Discours de La Boëtie sur *La Servitude volontaire*: Le chapitre «De l'amitié» devait servir d'encadrement à cet ouvrage, où La Boëtie déplorait que la tyrannie rendît toute amitié impossible. Montaigne développe les thèses de son ami, en termes souvent voisins, ce qui était une façon de lui rendre l'hommage d'un tombeau. Voir Y. Delègue, «Liberté et servitude volontaires: Sebond et La Boëtie inspirateurs de Montaigne» (*Travaux de linguistique et de littérature*, Strasbourg, 1968).

s'effacer, fut comme exponentié dans le dehors de soi que fut La Boëtie. L'un était à l'autre, mais hors de lui, son double, son répondant, une image, que contrariait, plus qu'elle ne la favorisait la réalité de la présence:

> Nos ames ont charrié si uniement ensemble, elles se sont considerées d'une si ardente affection, et de pareille affection descouvertes jusques au fin fond des entrailles l'une à l'autre, que, non seulement je connoissoy la sienne comme la mienne, mais que je me fusse certainement plus volontiers fié à luy de moy qu'à moy. (p.190-191 a)

C'est pourquoi, paradoxe dans le paradoxe, leur amitié fut étrangement lointaine, silencieuse:

> Nous remplissions mieux et estandions la possession de la vie en nous separant: il vivoit, il jouissoit, il voyoit pour moy, et moy pour luy, autant plainement que s'il y eust esté. L'une partie demeuroit oisive quand nous estions ensemble: nous nous confondions. La separation du lieu rendoit la conjonction de nos volontez plus riche. (III-9 p. 977 b)

La séparation empêchait que l'union fût confusion: la perte de soi ne devait pas interdire le mouvement de reprise ou de retour où l'âme pouvait «se ravoir» et «retaster». Il fallait que l'absence fût vécue comme présence et inversement, pour cela il suffisait que chacun gardât en soi l'image de l'autre, comme un talisman de mutuelle possession.

Il en résultait ce dernier paradoxe: cette amitié si réelle, si intense, fut vécue sur le mode de l'imaginaire, en quoi, là encore, elle ne dérogeait pas à la loi des passions. Mais l'imaginaire ici était comme sublimé, métamorphosé par cette possession virtuelle, cette présence distante, qui était «jouissance des ames», et qu'aurait ombragée «la faim insatiable de la presence corporelle» (III-9 p. 977 a). C'est pourquoi cette amitié avait commencé par une période de latence, avant même que l'un et l'autre se fussent rencontrés:

> Nous nous cherchions avant que de nous estre veus, et par des rapports que nous oyïons l'un de l'autre, qui faisoient en nostre affection plus d'effort que ne porte la raison des rapports, je croy par quelque ordonnance du ciel: nous nous embrassions par nos noms. (I-28 p. 188 c)

Force du fantasme: Montaigne avait sans doute «remâché» aussi le nom de La Boëtie avant de le connaître, en même temps que celui des grands anciens, et il avait ainsi faist surgir dans sa tête le visage, le port imaginaires de celui dont il s'était formé, on s'en souvient, une image à l'antique.

L'amitié tenait bien du miracle: elle offrait le bonheur de vivre dans la «bonne foy», sans que cependant fût effacée aucune des contradictions qui font l'existence. L'homme n'y échappait pas à l'homme. Mais elle avait aussi du miracle la fragilité: il fallait que l'autre existât réellement pour que l'image dont il avait le dépôt fût sauvegardée. La mort de La Boëtie rompit ce pacte tacite, et Montaigne fut rendu à son partage, à sa mauvaise foi:

> Je sçay bien que je ne lairray après moy aucun repondant si affectionné bien loing et entendu en mon faict comme j'ay esté au sien. Il n'y a personne à qui je vousisse pleinement compromettre de ma peinture: luy seul jouyssoit de ma vraye image, et l'emporta. C'est pourquoy je me deschiffre moy-mesme, si curieusement (III-9 p. 983 b)[1]

ECRITURE ET DÉLIVRANCE

Voilà donc pourquoi Montaigne, de son propre aveu, se mit sur le tard à écrire: il devait réparer ce vol de lui-même

[1] Montaigne a rayé ce passage sur son exemplaire, pour ne pas blesser sans doute Melle de Gournay, sa «fille d'alliance», en qui, cela dût-il nous surprendre, il avait rencontré sur le tard, en 1588, un autre lui-même.

causé par la perte définitive de l'ami, racheter l'aliénation de soi dans un «livre de bonne foy», qui serait son propre dépositaire. Ce livre serait une façon inouïe de se dédoubler pour susciter, sur le modèle de l'amitié, l'image fidèle de soi. Mais pour y parvenir, encore fallait-il se délester de tous les mirages qui s'interposaient entre le regard et la réalité: l'écriture serait chargée de les dissiper, elle serait l'instrument de la vérité.

Il en est allé ainsi de ce que j'ai appelé le mirage antique: si Montaigne étale ses emprunts, non sans alourdir ou masquer souvent son propos, c'est à coup sûr parce que, dit-il, «les escrits des anciens [le] tentent et remuent quasi où ils veulent». Mais c'est aussi, plus subtilement, pour desserrer leur étreinte, pour éloigner ces modèles encombrants, ne serait-ce qu'en leur abandonnant l'espace dû à la révérence sincère. Il y a une façon de célébrer qui revient à liquider, et l'irritation perce sous l'imitation. Cela se perçoit par exemple, j'y reviendrai, à la façon de détourner telle «sentence» empruntée, d'en «tordre» délibérément le sens, ou encore de lire sans lire, (il «feuillette», dit-il);

> Je ne luite point en gros ces vieux champions là, et corps à corps: c'est par reprinses, menues et legieres attaintes. Je ne m'y ahurte pas; je ne fay que les taster; et ne vay point tant comme je marchande d'aller [...]. Je ne dis les autres, sinon pour d'autant plus me dire. (I-26 p. 147-148 c)

Ecrire, c'est «lutter» contre de «vieux champions», dont la force est telle que, pour en avoir raison, il faut user de ruse ou d'esquive: la vérité de soi ne se conquiert pas sans quelques mensonges. On n'écrit pas sans arrière-pensée, et pour s'enrichir de soi, il faut payer sa dette. «C'est icy l'essai de mes forces naturelles et nullement des acquises» (II-10 p. 407 a).

Il en allait de même à l'égard de l'image paternelle. Si les *Essais* lui font une large place, s'ils sont par certains côtés une Imitation de Pierre Eyquem, comme il y a une *Imitation de Jésus Christ*, ce n'est pas sans le trouble dessein de s'affranchir de cette pesanteur. Il fallait là ausi reconnaître la dette, pour mieux s'en acquitter, s'en délivrer. Montaigne s'est choisi le terrain où il lui était facile de prendre distance et revanche, où il satisferait son propre désir, où il exercerait sa «volonté non forcée»: c'était là où son père avait échoué, et dans l'héritage qu'il avait reçu de lui, il développerait «le mesnage» des Lettres, où l'autre ne s'était guère illustré. Pour obéir à son désir, il avait dû traduire la *Théologie naturelle* de Sebond, et sa mort avait coïncidé avec l'achèvement de ce pensum: double délivrance dans la sincérité du deuil[1]. Inventer un mode personnel d'écriture, c'était affirmer une maîtrise dont le père n'avait pas disposé, c'était à la fois satisfaire sa mémoire et s'en affranchir. Il en allait ici comme des trop belles images antiques, auprès desquelles, dans un hommage aussi pieux que surprenant, Montaigne dépose celle de son père:

> Le soing des morts nous est en recommandation. Or, j'ay esté nourry dès mon enfance avec ceux icy [les Anciens]; j'ay eu connoissance des affaires de Rome, long temps avant que je l'aye eu de ceux de ma maison [...]. J'ay eu plus en teste les conditions et fortunes de Lucullus, Metellus et Scipion, que je n'ay eu d'aucuns hommes des nostre. Ils sont trespassez. Si est bien mon pere, aussi entierement qu'eux, et s'est esloigné de moy et de la vie autant en dixhuict ans que ceux-là ont faict en seize cens; duquel pourtant je ne laisse pas d'embrasser et practiquer la memoire, l'amitié et la societé, d'une parfaicte union et tres-vive. (III-9 p. 996 b).

1 La traduction de ce pesant ouvrage l'avait-elle initié au plaisir d'écrire, comme on l'a souvent pensé? Il dédie ce travail à son père, se déclarant «homme de tout poinct nouveau et aprenty en telle besoigne, et il dévalorise l'usage des mots et du langage: «marchandise si vulgaire et si vile, que qui plus en a, n'en vaut à l'aventure que moins» (A.A., t. IX p. ix «A Monseigneur de Montaigne» p. iii-iv). L'entreprise lui procura plutôt le dégoût d'écrire, car ce n'était pas une mince tâche que de donner «un accoustrement à la françoise» au «maintien barbaresque» du théologien espagnol.

L'émotion discrète, nostalgique, de cette confession dit le regret d'un bonheur passé, où l'ignorance des «affaires» de la maison permettait la perte de soi dans celles de la vieille Rome. Mais le temps de la mort unifie les visages respectés, et brusquement celui du père vient se confondre avec celui des grands héros livresques, dont il s'agit certes de continuer à «practiquer la memoire». Toutefois on croit percevoir aussi comme un secret reproche: ces trop chers «trespassez» sont responsables de l'abandon de celui qui, venu trop tard par leur faute à la réalité, regrette d'avoir dû vivre dans l'ailleurs prestigieux de leur image et de leur culte.

Et l'on se dit que les *Essais* furent aussi pour Montaigne une manière de se prémunir contre la mémoire de La Boëtie, tout en la pratiquant. Il fallait retrouver l'image de soi que l'ami avait volée dans sa mort; il fallait oublier, tout en les célébrant, les années pleines dont le souvenir ressassé interdisait de se réconcilier avec soi et de vivre tout simplement. Les *Essais* sont bien le tombeau de La Boëtie:

> Est-ce pas un pieux et plaisant office de ma vie, d'en faire à tout jamais les obseques. Est-il jouyssance qui vaille cette privation? (II-8 p. 396 c)

Mais c'est un tombeau aux deux sens du terme, à la fois mémorial et crypte, commémoration et enfouissement. Ecrire fut pour Montaigne sa façon d'opérer le travail du deuil, sans lequel la vie était impossible, et la «bonne foy» désespérée.

C'est ce que semble bien indiquer le chapitre «De l'amitié», qui, placé au cœur mathématique du premier Livre, comme Michel Butor l'a justement perçu, développe les thèmes dont La Boëtie avait tracé les linéaments dans sa *Servitude volontaire,* ou *Contre Un.* Montaigne déclare, dans les premières lignes, son dessein de loger dans son chapitre ce bref chef-d'œuvre de son ami; autour de ce «tableau elabouré, riche, poly et formé selon l'art» (p. 183 a), son écriture tracera les «crotesques» d'un enchâssement sans art[1]. Sans doute satisfaisait-il ainsi à la demande angoissée que son ami lui avait adressée juste avant d'expirer:

> Lors entre autres choses il se print à me prier & reprier avecques une extreme affection, de luy donner une place: de sorte que j'eus peur que son jugement fust esbranlé [...]. «Mon frere, mon frere, me refusez-vous doncques une place?» Jusques à ce qu'il me contraignît de le convaincre par raison, & de luy dire, que puis qu'il respiroit & parloit, & qu'il avoit corps, il avoit par consequent son lieu. «Voire, voire, me respondit-il, j'en ay, mais ce n'est pas celuy qu'il me faut: & puis quant tout est dit, je n'ay plus d'estre».[2]

Le moribond réclamait une «place» différente de celle que son «corps» était sur le point d'occuper dans la tombe; Montaigne réservait donc au *Contre Un* un espace dans son livre, et, à cette place, l'«estre» de La Boëtie vivrait dans les mots de l'ami aussi longtemps que ceux-ci dureraient dans la mémoire des hommes. L'amitié, autre que «charnelle», était une dernière fois scellée.

Mais cette mise en scène, destinée à conjurer la mort, est brutalement interrompue par un coup de théâtre, où l'ami subit une seconde mort, plus grave cette fois, celle de son esprit, de sa mémoire. En effet, voici que tout à coup, en fin de chapitre, Montaigne déclare renoncer à son projet initial, parce que «le tableau elabouré» lui a été dérobé, et que les Protestants l'ont publié à son insu, le détournant de son sens[3].

---

[1] Et nullement «maniériste», comme le pensait M. Butor, dans la préface qu'il a écrite au livre I des *Essais*, pour la collection 10/18, reprise dans *Essais sur les Essais* (1968).

[2] Lettre de Montaigne à son père sur la mort de La Boëtie, A.A. t. XI p. 188.

[3] Montaigne ne fut pas tout à fait étranger à l'affaire, si l'on en croit les judicieuses recherches de R. Trinquet: il y eut de sa part imprudence, sinon acte manqué, dans le vol du *Contre Un* dont il accuse les Protestants (R. Trinquet, «Montaigne et le divulgation du *Contre Un*» R.H.L.F. 1964, n° 1). L'insérer dans les *Essais* avant toute autre publication était une façon de le désamorcer et de préserver la mémoire de l'ami.

Pris d'une humeur faussement soudaine, il ne publiera pas ce texte:

> Parce que j'ay trouvé que cet ouvrage a esté depuis mis en lumiere, et à mauvaise fin, par ceux qui cherchent à troubler et changer l'estat de nostre police, sans se soucier s'ils l'amenderont, qu'ils ont meslé à d'autres escrits de leur farine, je me suis dédit de le loger icy. (I-28 p. 194 a)

Ce changement de mise en scène surprend: l'édition pirate du *Contre Un* eut lieu en 1574, partiellement, puis en 1576, dans sa totalité. Pourquoi Montaigne feint-il de découvrir le vol au dernier moment? Pourquoi maintient-il le préambule où il définit son projet, au lieu de le supprimer ou de le modifier? Il faut croire que le «tableau» de La Boëtie n'était pas à ce point «élabouré», «riche» ou «poly», qu'il ne pût servir de pamphlet contre la tyrannie royale. Montaigne lui-même contredit l'image qu'il avait initialement donnée de ce livret: maintenant, ce n'est plus que l'ouvrage d'en enfant, traitant, «par maniere d'exercitation seulement», d'un sujet «vulgaire et tracassé en mille endroits de livres» (p. 194).

Le tort est-il réparable? Comment remplir la place laissée vide? Montaigne recourt à «vingt et neuf sonnets d'Estienne de La Boetie», auxquel il accorde le simple mérite d'être un ouvrage «plus gaillard et plus enjoué» que l'autre. Plus tard, sur son exemplaire, il biffe d'un large trait tous ces sonnets, avec ce simple commentaire: «Ces vers se voient ailleurs», ce qu'aucune édition retrouvée n'a au demeurant confirmé.

La Boëtie n'occupe donc pas la «place» réservée à sa mémoire. Le tombeau est vide: tout autour restent les «crotesques», «monstres fantasques» ou «chimères» d'un esprit renvoyé à sa solitude, à ses mensonges. On pense à certaines des gravures que nous ont laissées les peintres italiens que François I° avait fait venir pour décorer le château de Fontainebleau: sur certaines d'entre elles, on voit un «tableau élabouré», qu'entourent d'étranges figures composites. Mais sur d'autres, le cartouche central est resté vide, et l'attention se porte alors entièrement sur l'encadrement qui met en valeur la blancheur de son milieu[1]. Il en va ainsi des *Essais:* il fallait sans doute que l'ami disparût du lieu où l'on célébrait ses «obsèques», pour que Montaigne, autour de l'espace ainsi libéré, pût s'abandonner à ses propres verves et tenter de nous y intéresser.

[1] Voir les reproductions, pages suivantes. Elles sont empruntées à l'ouvrage d'Henri Zerner, *Ecole de Fontainebleau*, Paris 1969.

CHAPITRE III

Le sujet de la mauvaise foi

Qu'il s'accuse ou non du mauvais résultat de son «institution», Montaigne est formel sur un point: l'homme «particulier» qu'il «recite» - c'est-à-dire lui-même - fut «bien mal formé». «Meshuy, c'est fait», ajoute-t-il (III-2 p. 804 b). Passé le temps de l'apprentissage, il n'est plus d'amendement ou de conversion à espérer; le mélange des «humeurs» s'est figé, dont a résulté la «complexion». Reste à s'accepter tel qu'on est devenu, sans repentir, sinon sans regrets. Pourtant, lorsque Montaigne se «récite», s'il retrouve les sillons de son enfance, il lui faut bien reconnaître que la semence qui s'est levée ne compose nulle «complexion», nulle «forme» stables, définissables, mais un pot-pourri d'«humeurs», d'herbes folles,

> comme nous voyons des terres oysives, si elles sont grasses et fertiles, foisonner en cent mille sortes d'herbes sauvages et inutiles.[1] (I-8 p. 32 a)

LA DÉPOSSESSION DE SOI

En effet, Montaigne se dit atteint d'une maladie pernicieuse, qui est la cause de tous ses autres maux. Elle s'attaque à sa propre substance pour la miner continuellement. A chaque instant, il souffre d'une

[1] Le chapitre «Du repentir» (III-2), auquel je viens de me référer, s'ouvre par cet étrange paradoxe: Montaigne se dit désormais «formé». Mais ce qui est ainsi «fait» irrévocablement, c'est l'absence de forme, le mouvement «le passage» qu'il déclare «peindre». La «forme» de Montaigne, c'est justement l'informe de ce qu'il appelle les «divers et muables accidens et imaginations irresoluës» (p. 805 b).

déperdition de ce noyau solide, stable qui devrait constituer son moi; sa plénitude s'écoule, où, en tant que sujet conscient, il s'attendait à se reconnaître identique à lui-même et contenu dans les limites de son être[1]:

> Je ne me tiens pas bien en ma possession et disposition. Le hasard y a plus de droit que moy. (I-10 p. 40 b)
>
> A chaque minute, il me semble que je m'eschappe. (I-20 p. 88 a)
>
> Je m'eschappe tous les jours et me desrobe à moy. (II-17 p. 642 a)
>
> Je prends mon dernier congé des lieux que je laisse et me depossede tous les jours de ce que j'ay. (II-28 p. 703 c)
>
> On vous trahit, on vous dissipe, on vous desrobe à vous. (III-9 p. 1001 b)
>
> Si la santé mesme, si sucrée, vient à me retrouver par boutades, c'est pour me donner regret plustost que possession de moy [...]. Le temps me laisse, sans luy rien ne se possede. (III-10 p. 1011 c)
>
> A mesure que la possession du vivre est plus courte, il me la faut rendre plus profonde et plus pleine. (III-13 1112 b)

Ainsi les *Essais* racontent jusqu'à l'obsession l'expérience d'une dépossession de soi, d'une privation de jouissance aux deux sens du terme. S'ils ont constitué une étape décisive dans l'invention du sujet moderne, on n'a pas souligné ce paradoxe surprenant: le sujet s'est découvert par et dans le

[1] On songe à la description de son mal qu'Artaud exposait à Jacques Rivière, pour lui expliquer «l'éparpillement» de ses poèmes: «effondrement central de l'âme», «espèce d'érosion, essentielle à la fois et fugace de la pensée», «non-possession passagère des bénéfices matériels de mon développement», «séparation anormale des éléments de la pensée» (*Oeuvres complètes*, Paris, 1970, t. I, p. 35-36).

mouvement de sa propre perte; la nostalgie d'une abondance, d'une richesse antérieures a nourri la conscience qu'il a pris de lui-même. Sans doute les *Confessions* de saint Augustin avaient déjà décrit le néant de l'âme qui se dévisage, mais c'était pour rebondir chaque fois vers la plénitude d'un Dieu qui, bien que lointain ou caché, a laissé dans le vide de la consience les traces de sa présence. Montaigne, qui pratiquait saint Augustin (mais curieusement il semble ignorer les *Confessions*, cette œuvre la plus proche de la sienne), avec d'autres mots aboutit à un constat similaire: l'âme a été privée de ce qui lui appartenait, mais le vide, qui est devenu son propre, ne renvoie chez Montaigne à nulle autre transcendance que livresque et imaginaire. Les *Essais* affirment leur dessein résolument «laïque», l'homme y est considéré «seul, sans secours estranger [...] et despourveu de la grace et cognoissance divine» (II-12 p. 449 a)[1]. Or quand le sujet se regarde ainsi, il ne trouve rien qui lui appartienne ou le dépasse. Le chapitre «De l'oisiveté» (I-8) raconte comment, dans un dernier sursaut, voulant «s'entretenir» avec son «esprit» qu'il croyait devenu avec l'âge suffisamment «meur et poisant» pour qu'il pût s'y «arrester et rasseoir», celui-ci fit à son tour «le cheval eschappé», se refusant à la prise de celui qui s'en croyait propriétaire.

Cette dépossession de soi ne tient pas au romantisme du temps qui passe ou des regrets sur l'enfance perdue. D'une toute autre force, l'expérience décrite est celle d'un vol, qui, touchant l'avoir antérieur du moi, atteint son être même, car il n'était rien d'autre que cette possession, et lorsqu'il est ainsi dérobé de ses biens, ou quand ses biens se dérobent à lui, il ne

---

[1] «Je propose des fantaisies humaines et miennes, simplement comme humaines fantaisies, et separement considerées, non comme arrestées et reglées par l'ordonnance celeste [...]; d'une maniere laïque, non clericale, mais tres religieuse tousjours» (I-56 p. 323 c). Ces déclarations ne mettent nullement en cause la foi religieuse de Montaigne, mais elles frappent dans la mesure où elles rejettent toute expérience de la transcendance. Montaigne est de ceux qui croient en Dieu sans l'avoir jamais «rencontré».

tient plus rien qui l'assure de son identité[1]. D'où l'affolement qui s'empare de l'âme: pour compenser ce manque, elle voudrait tout saisir, et se perd plus encore dans cette agitation:

> Nous empeschons au demeurant la prise et la serre de l'ame à luy donner tant de choses à saisir [...]. Elle peut voir et sentir toutes choses, mais elle ne se doit paistre que de soy, et doibt estre instruite de ce qui la touche proprement, et qui proprement est de son devoir et de sa substance.[2] (III-10 p. 1009 b)

LE SUJET IMAGINAIRE

Beau «devoir», à coup sûr, et sage recommandation! Il suffirait à l'âme de les suivre pour qu'elle «se paisse» d'un «soi» enfin retrouvé. Mais comment serait-elle «instruite» de ce qui fait le propre de sa propriété, avoir et substance réunis, puisqu'elle obéit au règne sans partage de «l'imagination», ce second des «sens internes» qui, ayant usurpé le règne de la raison, entraîne la perte de soi[3]? Ce tyran dispose de forces

---

[1] Cette découverte du vide au coeur du sujet sera tellement insupportable aux siècles à venir, qu'ils s'ingénieront à la masquer ou à l'oublier. Le sujet s'inventera toutes sortes de plénitudes rassurantes. L'histoire du sujet, qui reste à écrire, serait celle de ces faux-semblants, et l'on n'a jamais cessé de colmater dans Montaigne sa propre béance.

[2] Cf. I-8 p. 32 a: [Les esprits] «si on ne les occupe à certain sujet qui les brime et contreigne, ils se jettent desreiglez, par-cy par là, dans le vague champ des imaginations [...]. Et n'est folie ny réverie, qu'ils ne produisent en cette agitation».

[3] Il faut donner au terme «imagination» son sens courant au XVI° siècle: elle est après «le sens commun» le lieu où transitent les images sensorielles épurées de leur poids de réalité. Pourquoi cette faculté est-elle devenue à cette époque un lieu commun? Montaigne manque d'«originalité», dit-on souvent, parce qu'il le traite après bien d'autres, dont il reprend les exemples. C'est ne pas comprendre la fonction des «lieux communs», dont l'importance tient justement au fait qu'ils sont «communs» et donc porteurs de la vérité. L'imagination a été chargée par tout un siècle, dans lequel Montaigne se reconnaît, de ses malheurs. La tradition philosophique s'était accordée pour en limiter le rôle: les «images» produites par les «impressions» des choses sur les «sens «externes» étaient sous la tutelle de

malignes, dont la fonction, hors de l'âme, en elle, consiste à piller ses biens, puis à l'«amuser» en retour par toutes sortes d'apparences trompeuses: il la remplit ainsi d'images, d'opinions, de «fantaisies», qui lui dérobent son être, lui masquent la réalité des choses, mais en même temps lui rendent insensible sa propre vanité.

Hors de l'âme, c'est essentiellement Fortune, qui maîtrise l'heur des événements, alors qu'elle croit naïvement, illusoirement, en disposer,

> tant c'est chose vaine et frivole que l'humaine prudence; et au travers de tous nos projects, de nos conseils et precautions, la fortune maintient la possession des evenemens. (I-24 p. 127 a)

Pour masquer à la conscience cette «frivolité», Fortune paie les humains en monnaie de singe, elle leur laisse cette pacotille qu'est «la gloire». L'analyse en tient une place exceptionnelle dans les *Essais*[1]: ce trompe-mémoire ne repose sur rien, sur un nom tout au plus, sur «une voix pour tout potage» (I-46 p. 279 a), c'est-à-dire sur la plus inconsistante

---

l'intellect, après avoir été purifiées dans l'imagination. Or ce que soulignent à l'envi tant de compilateurs à la suite de Ficin ou de Corneille Agrippa, c'est le droit d'initiative que l'imagination s'est arrogé, et beaucoup en faisaient l'instrument dont Satan use pour pervertir la raison: Marguerite de Navarre, Rabelais avec son Picrochole ou Bodin s'accordaient avec Ambroise Paré, qui déclarait au livre *Des Monstres:* «Iceus Demons peuvent en beaucoup de manieres et façons tromper nostre terrienne lourdesse [...]; car ils obscurcissent les yeux des hommes, avec espesses nuées qui brouillent nostre esprit fantastiquement, et nous trompent par imposteures sataniques, corrompans nostre imagination par leurs bouffonneries et impietez. Ils sont docteurs de mensonges, racines de malice [...], ce qui se faict après avoir esbloüy la veue, et alteré nostre imagination» (ed. 1585, p. MLIX). Montaigne ne croit guère à cette machinerie démoniaque: aux sorcières, il conseille plutôt l'ellébore que la visite de l'exorciste; son analyse en est d'autant plus neuve et intéressante.

1 Notamment dans le Livre I: lui sont consacrés les chapitres 24, 39, 40, 41, 43, 44, 45, 46, 47. Lorsque Montaigne s'est retiré, le fumet de la gloire le chatouillait encore agréablement.

des imaginations; ou bien sur des signes extérieurs de grandeur, qui cachent la misère de l'intérieur.

Dans l'âme surtout, ce sont les passions et l'accoutumance, inlassables pourvoyeuses d'images ou de formes sans fondement. C'est que «l'homme ne peut [...] imaginer que selon sa portée» (II-12 p. 520 a), si bien qu'à chacun sa «loy municipalle» (ibid. p. 524 a) semble régir l'univers, et les règles de sa paroisse être à l'évidence dictées par Dieu:

> Quand les vignes gelent en mon village, mon prebstre en argumente l'ire de Dieu sur la race humaine, et juge que la pepie en tienne des-jà les Cannibales. (I-26 p. 157 a)

Il en est ainsi parce que la coutume «hebete nos sens». C'est eux qui, puisqu'ils nous relient à la réalité des choses, devraient constituer l'assise de notre jugement. Mais la coutume les engourdit et leur impose des visages dont la diversité incohérente prouve à l'évidence leur caractère controuvé[1]. Quant aux passions, elles sont suscitées par autant de visions imaginaires qu'elles en suscitent à leur tour, une fois qu'elles sont ébranlées; l'erreur est leur milieu naturel:

> Il semble que l'ame esbranlée et esmeüe se perde soy-mesme, si on ne luy donne prinse; et faut tous jours luy en fournir d'object où elle s'abutte et agisse [...]. Et voyons que l'ame en ses passions se pipe plustost elle mesme, se dressant un faux subject et fantastique, voire contre sa propre creance, que de n'agir contre quelque chose. (I-4 p. 22 a)

---

1 C'est la démonstration du chapitre I-23, souvent reprise ailleurs. Puisque la vérité est supposée unique, la pluralité des coutumes suffit à prouver leur inanité, mais non leur inutilité: dans ce même chapitre, le réquisitoire contre la coutume se retourne brusquement: mieux vaut ne pas «changer une loy receüe»; se plier à celles en usage là ou l'on vit est la meilleure façon de ne pas troubler l'ordre existant, qui, bien que menteur, est somme toute un moindre mal.

Le propre de l'âme, c'est le mouvement, l'agitation. Elle ne supporte pas le repos; la vieille ataraxie des sages se dénonce d'elle-même comme une utopie contraire au statut de l'âme, qui, obéissant à une sorte d'horreur de son vide, préfère se laisser «piper» et se paître avec délices, dût-elle en souffrir, de tout sujet, même «faux et fantastique».

Si tout enfant Montaigne est entré dans la conscience de soi grâce aux mirages de la Fable, cette fascination de l'irréel, loin de le quitter, a pris d'autres formes plus captieuses, dangereuses. Il se dit «non melancholique, mais songecreux» (I-20 p. 87 a): l'imagination a sur lui, plus que sur tout autre, tout pouvoir[1]:

> Chacun en est hurté, mais aucuns en sont renversez. Son impression me perse. Et mon art est de luy eschapper, non pas luy resister [...]. La veue des angoisses d'autruy m'angoisse materiellement, et a mon sentiment souvent usurpé le sentiment d'un tiers. Un tousseur continuel irrite mon poulmon et mon gosier. (I-20 p. 87 a)

Les *Essais* déroulent le récit des «imaginations» de Montaigne, mais aussi du combat qu'il a mené pour leur «eschapper», à défaut de pouvoir les vaincre, puisqu'elles composent notre nature.

> Il n'est rien dequoy je me soye dès tousjours plus entretenu que des imaginations de la mort. (ibid.)

«En la saison la plus licentieuse de [son] aage», elles le surprenaient parfois jusque «parmy les dames et les jeux», l'isolant de la fête; ses compagnons le croyaient «empesché à

---

1 Une fois, cependant, il déclare: «Je n'ay point à me plaindre de mon imagination» (III-13 p. 1098 b). L'affirmation surprend dans ce chapitre, où justement il expose la façon dont il vient à bout des images de la mort. Mais l'imagination dont il parle en cet endroit est celle qui nourrit ses songes de dormeur: il n'a guère de cauchemars, et ses rêves sont faits «de pensées plaisantes, plustost ridicules que tristes».

digerer quelque jalousie», alors qu'il «s'entretenoit» de la mort d'une quelconque de ses connaissances:

> Je ne ridois non plus le front de ce pensement là que d'un autre. Il est impossible que d'arrivée nons ne sentions des piqueures de telles imaginations. (ibid.)

L'imagination a donné à Montaigne cette «façon resveuse», qui, dit-il, «me retire en moy» (III-3 p. 820 b); c'est elle qui l'a tout enfant replié sur lui-même, et s'il s'est retiré de la vie active en 1570, c'était pour lui obéir sans doute, mais lui «eschapper» aussi peut-être, nous le verrons, en retournant contre elle son propre défaut. Dans la continuité de l'existence, l'imagination ménage en effet entre les figures de son carnaval anarchique, des fractures, des espacements, où le sujet en retrait, pourvu qu'il ait la lucidité d'un Montaigne, peut glisser son regard et prendre la mesure de ses «humeurs».

L'imagination ne triompherait pas si aisément, si elle ne disposait encore d'une arme disséminante, le temps, dont l'homme a le triste privilège d'expérimenter les effets. Or le temps est fils de mémoire. Cette faculté était le troisième des «sens internes», dont la mission était d'ordonner les images reçues de l'imagination, et de les offrir ainsi classées au bon usage de la raison et du discours. Telle était en tout cas la théorie transmise par les anciens physiologistes et communément admise. Mais l'analyse de Montaigne «naturaliste» est toute différente: la mémoire fait retour à l'imagination, et si elle classe ses images chimériques, c'est pour faire éclater le présent entre les souvenirs crucifiants du passé et les fantaisies d'un futur qu'elle forge à sa guise. Cette mémoire, dont seul entre les vivants, semble-t-il, l'homme est doué[1], distille le temps, qui empoisonne la vie humaine en

[1] Dans le long parallèle entre les animaux et les hommes qui occupe une bonne place dans l'*Apologie* (II-12), cette expérience du temps n'est reconnue aux premiers que par leur don de prévision du futur, en quoi ils

l'arrachant à elle-même et à son bonheur, c'est-à-dire à son présent:

> Ceux qui accusent les hommes d'aller tousjours beant après les choses futures, et nous aprennent à nous saisir des biens presens, et nous rassoir en ceux-là, comme n'ayant aucune prise sur ce qui est à venir, voire assez moins que nous n'avons sur ce qui est passé, touchent la plus commune des erreurs humaines.[1] (I-3 p. 15 b)

Le temps est cette dimension de l'âme qui nous interdit de coïncider, comme les autres vivants, avec ce que nous sommes à chaque instant et à quoi nous devrions nous limiter pour être heureux et nous posséder. Montaigne sait déjà, qu'«il n'est pas de Présent», pour reprendre le constat mallarméen: il éclate en couples d'images divergentes, passées, futures, qui nous arrachent à cette «assiette» où nous rêvons de nous «r'avoir». La mémoire est une faculté ambiguë, et si Montaigne se plaint d'en manquer cruellement, on peut se demander si en même temps ce défaut ne fut pas sa bénédiction. Nous aurons à y revenir.

UN ÊTRE DE LA CONTRADICTION

Pourtant, quand il y regarde de près (et Dieu sait qu'il s'y entend!) le carnaval fantastique de ses imaginations, Montaigne croit discerner une sorte de logique, celle des contraires, qui assemble deux à deux les «lopins» de son être. Entre son «discours» et sa réalité, son «jugement» et ses «passions», sa «volonté» et ses «actions», sa «nature» et sa «forme», etc., ce sont d'incessants conflits. Le plus saisissant de tous est celui qui oppose sa nature entière, impulsive, faite

---

nous surpassent. S'ils sont doués de langage, d'intelligence, de «discours», Montaigne ne dit rien de leur mémoire

[1] Ce thème important est plusieurs fois reprises dans les *Essais*, par exemple I-11 p. 41 a, I-53 p. 309 a, II-12 p. 491 a, III-4 p. 834 b.

de passions fortes, même si elles sont brèves, à ce qu'il dit de sa «mollesse». D'un côté, il déclare:

> Je fay coustumierement entier ce que je fay, et marche tout d'une piece; (III-2 p. 812 b)
>
> Mon aller n'est pas naturel s'il n'est à pleine voile (III-3 p. 821 b).

Il y a en lui la générosité du risque-tout, la spontanéité de celui qui hait les demi-mesures, comme en témoignent ces innombrables phrases qui, d'un «j'ayme» ou d'un «je hay» initiaux, disent l'emportement du scripteur. Mais ce même homme, d'autre part, se dit peu passionné, parce qu'il est «d'une complexion molle et poisante» (II-12 p. 568 a), et que ses «meurs molles [sont] ennemies de toute aigreur et aspreté» (III-3 p. 820 b). La «nonchalance», voilà son maître-mot, «vers laquelle [il] penche évidemment de [sa] complexion» (II-4 p. 364 b). Lui qui s'attribue le mérite d'être «nay de tous les sens entiers quasi à la perfection» (III-13 p. 1097 b), est le même qui se félicite du «privilège d'insensibilité qui est naturellement bien avancé en [lui]», et qu'il «augmente par estude» (III-10 p. 1003 b)[1].

Ce catalogue de ses contradicions, Montaigne l'a établi dans un désordre qui à lui seul témoigne de sa propre incohérence:

> (b) Qui y regarde primement, ne se trouve guere deux fois en mesme estat. Je donne à mon ame tantost un visage, tantost un autre, selon le costé où je la couche. Si je parle diversement de moy, c'est que je me regarde diversement.

1 Le Montaigne sensible est celui que «le moindre bourdonnement de mouche assassine» (III-13 p. 1082 b); comme Mallarmé il se dirait volontiers «malade des bruits». Il n'est «pas assez fort pour ouïr de sens rassis des vers d'Horace ou de Catulle chantés d'une voix suffisante par une jeune et belle bouche» (II-12 p. 593 a). Mais il se félicite de ce que nature «[l']ayant désarmé de force, [l]' a armé d'insensibilité et d'apprehension reiglée ou mousse» (III-6 p. 900 b).

> Toutes les contrarietez s'y trouvent selon quelque tour et en quelque façon. Honteux, insolent; (c) chaste, luxurieux; (b) bavard, taciturne; laborieux, delicat; ingenieux, hebeté; chagrin, debonaire; menteur, veritable; (c) sçavant, ignorant, et liberal, et avare, et prodigue, (b) tout cela je le vois en moy aucunement selon que je me vire [...]. Je n'ay rien à dire de moy, entierement, simplement, et solidement, sans confusion et sans meslange, ny en un mot. DISTINGO est le plus universel membre de ma Logique. (II-1 p. 335)

Le *distingo* de la logique scolastique résolvait l'énigme des contraires grâce à ce «mot» de l'essence, qui fait toujours défaut à Montaigne, justement parce c'est lui qui dispose comme bon lui semble de son âme, qui «la couche» du côté où il veut, ou lui donne un «visage» à sa guise. Nulle nécessité à tout cela: «on ne se trouve guere deux fois en mesme estat», pas plus qu'on ne se baigne deux fois dans le même fleuve, comme disait Héraclite[1], parce que la nature de l'homme consiste à jouer de contraires qui s'appellent ironiquemnt l'un l'autre.

Mais dans la liste de ceux-ci, on a bien lu: «menteur, veridique». La symétrie des contraires interdit à l'âme toute complaisance à soi dans la bonne foi. Montaigne sait user de la volubilité de l'âme et jouer à l'occasion du mensonge; mais jouer suppose la gratuité, l'artifice de règles où la vérité n'est pas intéressée. Pourquoi accorderait-il à l'une de ses parties plus de confiance qu'à l'autre, puisqu'il est le maître, on vient de le voir, de ses propres variations? L'être double est toujours menacé de duplicité, car rien ne lui permet de justifier ses choix, et le discours qui tente d'arraisonner la vérité ne peut que la rater. Rappelons l'aveu de Montaigne:

---

[1] Montaigne n'a pas lu Héraclite; ce qu'il en dit relève du lieu commun tiré de Diogène Laerce. Pour le lire, il aurait dû être comme ce «bon nageur» que, au dire de Cratès, n'engloutirait ni ne suffoquerait «la profondeur et le pois de sa doctrine» (III-13 p. 1068 c). Héraclite a toujours eu la réputation d'être un auteur difficile, et Montaigne n'appréciait guère ce qu'il appelait le «style nubileux», sauf chez Platon, sur le tard.

> Nous sommes je ne sçay comment doubles en nous mesmes, qui faict que ce que nous croyons, nous ne le croyons pas, et ne nous pouvons deffaire de ce que nous condamnons. (II-16 p. 619 a)

A moins qu'à l'inverse la parole ne se pique de tout justifier:

> Maintes-fois (comme il m'advient de faire volontiers) ayant pris pour exercice et pour esbat à maintenir une contraire opinion à la mienne, mon esprit, s'applicant et tournant de ce costé là, m'y attache si bien que je ne trouve plus la raison de mon premier advis, et m'en despars. Je m'entraine quasi où je penche, comment que ce soit, et m'emporte de mon pois. (II-12 p. 566 b)

«La parolle faict le jeu», disait déjà le Mercure du *Cymbalum Mundi*[1], et Montaigne, comme les autres, n'est pas homme à refuser sa part du jeu. Mais c'est elle qui fait l'insoutenable légèreté, la mutabilité infinie de l'être. Le piège dit «du menteur» ravissait Montaigne («si vous dictes: Je ments, et que vous dissiez vray, vous mentez donc» II-12 p. 527 b), mais ce n'est pas l'un des attrape-nigauds de la logique: il définit le statut même de l'existence. Montaigne est à l'image des Crétois, qui, menteurs par essence, ne pourront jamais avérer le mensonge qui est la plus vraie de leurs manières d'être, parce que les mots pour la dire n'engage pas l'existence. La vérité ne relève pas de la rigueur des syllogismes: mais ceux-ci viennent après coup pour légitimer n'importe quoi.

LE SUJET DÉCENTRÉ: LA MENACE DE LA FOLIE

Ces muances d'un versant l'autre n'ont du mouvement en liberté que l'apparence; elles sont «dérèglement»,

---

[1] Paris, 1995, Dialogue III, p. 70. Ce livret sous forme de farce fait le procès de la parole dans tous ses états; elle est soupçonnée de mensonge, parce qu'elle ne possède aucune marque certaine de sa vérité.

«agitation». L'âme est «garrotée» par les contradictions qui la tournevirent ainsi:

> Cruel garrotage à qui ayme affranchir les coudées de sa liberté en tout sens. (III-9 p. 969 c)

Ainsi entravé, le sujet a été délogé de cet espace central qu'il suppose lui appartenir, où il rêve de «se rassoir». Il en a été exilé. Projeté sur la place publique, il n'est jamais où il s'attend d'être, il n'est jamais ce qu'il est, ni où il est, mais toujours «ailleurs», «hors de lui», «hors de sa deuë assiette». L'ek-stase est sa nature, qui n'ouvre sur aucune autre transcendance que le vide:

> Chacun court ailleurs et à l'advenir, d'aucun que nul n'est arrivé à soy. (III-12 p. 1045 c)

> Nous pensons tousjours ailleurs. (III-4 p. 834 b)

> La plus part des regles et preceptes du monde prennent ce train de nous pousser hors de nous et chasser le la place, à l'usage de la societé publique. (III-10 p. 1006 b)

Il n'est pas jusqu'aux «saillies» de la vertu la plus éclatante, celle des grands héros vénérés, qui ne soient «boutées d'un courage eslancé hors de son giste», et qui de ce fait ne puissent échapper au soupçon, du moment que «toutes actions hors les bornes ordinaires sont subjectes à sinistre interpretation» (II-2 p. 346 a et 347 c)[1]. Cicéron lui a appris

[1] Les *Essais* s'achèvent sur la recommandation de savoir être à soi, et sur la condamnation des bouffées héroïques: «Ils veulent se mettre hors d'eux et eschapper à l'homme. C'est folie [...]. Nous sortons hors de nous, pour ne savoir quel il y fait» (III-13 p. 1115 b). Le modèle, c'est Scipion jouant «à cornichon va devant le long de la marine avec Laelius» (ibid. p. 1109 b). Au plus près de soi, le sujet vrai joue encore, se projetant devant lui-même, à l'image du caillou dont il se sert pour jouer à «cornichon va devant». Qui «est à soi», j'y reviendrai, ne possède rien pour autant.

que «peu d'hommes ont esté admirez par leurs domestiques» (III-2 p. 808 b)[1].

Les conduites extrêmes - héroïsme et bassesse - offrent en effet l'abri d'une sorte de folie particulière au cœur de la folie généralisée. Cette dernière est celle du sujet qui, ainsi décentré, chassé de son propre royaume, a perdu tous les repères. Il arrive à Montaigne d'être si désespéré de sa quête, qu'il semble au point de la désavouer: «La pire place que nous puissions prendre, c'est en nous», lâche-t-il une fois (II-12 p. 568 c). Mais peut-on perdre la nostalgie de soi, quand la folie ne cesse de rôder?

Non pas cette folie «tragique» qu'entretient la vision cosmique de la fin du monde, telle que Bosch, Breughel ou Bouts l'avaient représentée, hantée par toutes sortes de monstres, et dont Michel Foucault a justement dit que l'orée du XVIe siècle en a conjuré l'horreur. Non pas également la folie «critique», qui, «prise dans l'univers du discours», se désarme elle-même et n'est plus qu'une «forme relative de la raison», comme Erasme en a donné l'illustration la plus célèbre[2]. L'*Apologie de Raymond Sebond* en offre une autre: la raison s'affole de constater son impuissance à maîtriser le monde par la connaissance que les sciences lui en donnaient traditionnellement, mais elle se console en se prouvant qu'elle sait au moins ne pas en être dupe, et l'arme de la dérision, maniée avec tant d'art, lui procure une sorte de fierté rageuse à détruire tous les appareils verbaux qui entretenaient son faux orgueil. Au total, elle s'assure de son propre pouvoir, en même temps qu'elle le renverse. La folie ne pousserait pas aux limites extrêmes de l'absurde ce

---

[1] Le début du chapitre «De la vertu» (II-29 p. 705 a) expose le même soupçon, que Montaigne ne s'interdit pas d'oublier ailleurs: «Rampant au limon de la terre, je ne laisse pas de remerquer, jusques dans les nuës, la hauteur inimitable d'aucunes ames heroïques»(I-37 p. 229 a); cf. le chapitre «De l'inequalité qui est entre nous», I-42.

[2] Je reprends l'analyse et les termes de M. Foucault dans son *Histoire de la folie à l'âge classique*, Paris, 1972, coll. Tel, chapitre 1.

paradoxe suicidaire, si ce n'était, comme les héros tout à l'heure, pour permettre à la raison de prendre pied dans son bon sens et de se réfugier dans l'abri de sa lucidité.

Mais pourquoi le discours se dresse-t-il ainsi contre lui-même dans son propre exercice pour se sauver? Quel danger menaçait la raison dont il est la forme visible? L'*Apologie* n'est pas seulement un jeu intellectuel, finalement peu convaincant, tant on y sent de mauvaise foi partisane, d'application méthodique, jusque dans la construction, pour une fois parfaitement maîtrisée, de ce livre dans le livre. Disons que le scepticisme rationnel, dont il fait le complet étalage, est le boutefeu, le contre-feu d'un autre scepticisme, existentiel, qu'expérimente celui qui «sonde» les formes de la vie. Comme cette fois où Montaigne raconte ce qu'il lui en coûta d'avoir poussé trop loin ce qu'exigeait sa fonction de parlementaire:

> Autrefois, ayant à faire valoir quelqu'une de nos observations, et receuë avec resolue authorité bien loing autour de nous, et ne voulant point, comme il se faict, l'establir seulement par la force des loix et des exemples, mais questant tousjours jusques à son origine, j'y trouvai le fondement si foible, qu'à peine que je ne m'en dégoutasse, moy qui avois à la confirmer en autruy [...]. Qui voudra se desfaire de ce violent prejudice de la coustume, il trouvera plusieurs choses receues d'une resolution indubitable, qui n'ont appuy qu'en la barbe chenue et rides de l'usage qui les accompaigne; mais ce masque arraché, rapportant les choses à la verité et à la raison, il sentira son jugement comme tout bouleversé, et remis pourtant en bien plus seur estat. (I-23 p. 116-117 a)

Moment sismique, où, parce que s'effondrent les fausses transcendances qui maintenaient le monde, celui-ci bascule et se renverse; la «curiosité» est une forme de folie. Pour avoir voulu enquêter jusqu'à «l'origine», arracher aux choses leur masque et les «rapporter à la vérité et à la raison», au lieu de se contenter de ce qui lui était donné, l'esprit a commis une faute dont il est aussitôt puni, et le voici «tout bouleversé», chassé du paradis de la certitude, du «clos de sa petite maison», qu'il ne réintègrera pas plus qu'un Du Bellay, frappé lui aussi de cette folie qui pousse à s'égarer aux rives étrangères. Pourtant, contre toute attente, et par un renversement spectaculaire, la folie semble se détruire d'elle-même: l'absence de fondement devient le nouveau fondement, le rien à partir de quoi le jugement est soudain «remis en bien plus seur estat». Le «rapport de la vérité et de la raison» peut bien conclure à leur propre néant, mais au jugement s'offre une chance de salut, de restauration, du seul fait qu'il a sondé le sol des fantasmes où les choses croyaient reposer en sécurité.

L'histoire que Montaigne vient de nous conter me paraît avoir fondé la tentative de l'*Apologie* et justifier sa masse et sa place au cœur des *Essais*[1]: «tour d'escrime», «coup désespéré», «tour secret» (p. 558), en dit-il. Décidé avant Rimbaud à jouer un bon tour à la folie, il pousse aux limites du possible son enquête sur l'origine, quitte à démolir toutes les certitudes; il acculait la folie à son dernier saut, sous le regard du «jugement», au risque de sombrer avec elle définitivement, car «c'est grande temerité de vous perdre vous mesmes pour perdre un autre» (ibid.). A moins de s'habituer à vivre dans le néant généralisé, et de réinventer le bon sens d'un monde qui vient d'en être privé.

---

[1] Il faut essayer de comprendre l'aspect quasi monstrueux de l'*Apologie*: elle est dans le livre une sorte de forteresse dont le volume étonne, ainsi que le dessein systématiquement déroulé. Pierre Villey avait cru établir que ce chapitre répondait à un moment de «crise sceptique», que Montaigne aurait par la suite dépassé. Cette explication a longtemps séduit par sa simplicité, mais elle masque le fait que ce qu'on appelle le «scepticisme» de Montaigne n'est pas chez lui une attitude philosophique ni un pur jeu de l'esprit. Celui-ci est l'envers d'une expérience et d'une exigence, dont les *Essais* ne cesseront de mesurer l'amplitude: la folie dont est frappé l'être décentré. Dans ce chapitre, Montaigne a tenté d'explorer jusqu'au bout les limites de ses doutes pour s'en débarrasser.

La folie est-elle enfin terrassée? Sa menace n'est plus dans le fait qu'elle rôde toujours, agitant la marotte des souvenirs ou des peurs imaginaires, de l'âge d'or perdu, ou d'une vérité qui ne prendrait pas la couleur du temps qui passe. Mais, plus dangereuse, elle s'est insinuée, cachée dans le lieu secret où le sujet prend assurance en lui-même; sa présence s'est faite si intime, qu'elle ne se distingue pas de la faculté qui prétend la combattre. Car n'est-ce pas la folie qui fait se dresser le jugement seul devant l'univers pour lui demander des comptes. Orgueil? «Curiosité» ou «cuider»? La démence et le jugement peut-être ne font qu'un; ce dernier n'est rien par lui-même, sinon le regard qui creuse dans la conscience le retrait sans fond de la critique et s'interdit de jamais rien posséder[1]. Nous touchons là une grave inquiétude, sur laquelle nous aurons à revenir: la lucidité, qui dépossède le sujet et le décentre de lui-même, n'est-elle pas l'arme dont use quelque malin génie pour affoler, au point de la pervertir, la Nature entière?

UNE «CONDITION SINGERESSE»

A supposer qu'il se soit assuré de son néant, le sujet décentré, dépersonnalisé, n'a d'autre recours, pour tenter de vivre dans l'attente d'une hypothétique reconstruction de ses certitudes, que de jouer les rôles dont il est capable, mais dont aucun ne le définit. La mauvaise foi, c'est encore cette polyvalence des fonctions à remplir. Très tôt, dès sa onzième année, Montaigne s'y était reconnu:

> Mettray-je en compte cette faculté de mon enfance: une asseurance de visage, et soupplesse de voix et de geste, à

[1] Dans l'*Apologie* (p. 562-567), le jugement est soumis à une critique radicale, mais ce jugement-là est celui qui produit les «opinions», les «croyances» vulgaires, et ne vaut pas mieux que la raison. Ce n'est pas ce pur regard dont il est parlé ailleurs, dans I-50 p. 301-302 a, ou III-13 p. 1074 b: «Il faict son jeu à part», à distance des choses qu'il «considère» ou «sonde» selon sa force ou son humeur. La polysémie des termes les plus usuels ne rend pas toujours aisée la lecture des *Essais*.

> m'appliquer aux rolles que j'entreprenois? Car avant l'age, *Alter ab undecimo tum me vix ceperat annus*, j'ay soustenu les premiers personnages és tragedies latines de Bucanam, de Guerente, de Muret, qui se presenterent en nostre college de Guienne avec dignité. (I-26 p. 176 b)

Nombre d'acteurs, dit-on, excellent dans leur métier dans la mesure où leur personnalité, inquiète d'elle-même, peut se prêter à tous les personnages. Montaigne s'était trop facilement pris au leurre des figures mythologiques d'Ovide pour ne pas prendre goût à ses propres métamorphoses. On se rappelle: «Je m'entraine quasi où je penche, comment que ce soit, et m'emporte de mon pois» (II-12 p. 566 b). A s'éprouver si «divers», essayer en soi les contraires devenait un jeu («exercice», «esbat», dit-il dans le même passage), et peut-être même un salut, car il faut de la force pour jouer des fantasmes. Avec le temps, il semble avoir oublié qu'il eut ce talent:

> Cette autre faculté de representer ingenieusement les gestes et parolles d'un autre par dessein, qui apporte souvent plaisir et admiration, n'est en moy non plus qu'une souche. (III-5 p. 876 c)[1]

Pourtant, quelques lignes plus haut (p. 875), il déplorait sa «condition singeresse et imitatrice». C'est qu'avec le temps cette disposition au polymorphisme est devenue sa nature même; il n'a plus besoin de jouer pour être joueur, et tous les rôles lui sont devenus usuels:

> (b) Ce que je considere, je l'usurpe: une sotte contenance, une desplaisante grimace, une forme de parler ridicule. Les

---

1 Montaigne veut dire dans ce passage qu'il est incapable d'amuser la galerie par quelque don d'imitation; pourtant, il sait à l'occasion jouer des rôles d'emprunt: «Ay-je besoin de cholere et d'inflammation? Je l'emprunte, je m'en masque»(III-10 p. 1021 b). Je reviendrai au chapitre VI sur ce jeu des «masques».

> vices, plus: d'autant qu'ils me poignent, ils s'accrochent à moy et ne s'en vont pas sans me secouer. On m'a veu plus souvent jurer par similitude que par complexion. (c) Imitation meurtriere, comme celle des singes [...]. (ibid. p. 875)

Puisque le champ est libre, l'imagination peut opérer à son aise:

> La veue des angoisses d'autruy m'angoisse materiellement, et a mon sentiment souvent usurpé le sentiment d'un tiers [...]. Je saisis le mal que j'estudie, et le couche en moy. (I-23 p. 97-98 c)

On se rappelle que s'il s'habille de noir, c'est «à l'imitation» de son père. Il fut capable de jouer même les bons époux, bien que ses «humeurs desbauchées» l'eussent fait refuser d'épouser «la sagesse mesme»: il s'est laissé marier, «porté par des occasions estrangeres», mais il a finalement «observé les loix du mariage», parce que, reconnaît-il, «la plus part de mes actions se conduisent par exemple, non par chois» (III-5 p. 852 b): il n'avait rien délibéré.

Cette ductilité lui donne l'intelligence des comportements d'autrui les plus divers, et elle lui interdit de condamner même ceux qu'il réprouve: ces moines, par exemple, dont les mœurs supposées avaient tant prêté à railleries:

> Pour n'estre continent, je ne laisse d'advouer sincerement la continence des Feuillans et des Capucins, et de bien trouver l'air de leur train: je m'insinue, par imagination, fort bien en leur place. (I-37 p. 229 c)

Sa «condition singeresse» lui procure encore l'avantage de pouvoir tirer du réconfort, lorsque par exemple la crainte de la pauvreté ou de la mort l'assaille; il lui suffit de s'abriter dans l'image des autres:

> Je voy jusques à quels limites va la necessité naturelle; et considerant le pauvre mendiant à ma porte souvent plus enjoué et plus sain que moy, je me plante à sa place, j'essaye de chausser mon ame à son biais. (I-39 p. 243 a)

Dans son Prologue au *Tiers Livre*, Rabelais avait déjà observé que l'exilé, le décentré est par nécessité un être de l'imitation[1]: n'ayant plus de terre où se recevoir, n'étant rien par lui-même, il est condamné à reproduire des comportements dont la nécessité lui échappe, à vivre dans le faux-semblant, le faire-comme-si. A moins que les dieux, pris de pitié, ne lui infusent l'ivresse de l'inspiration dans l'écriture. Montaigne sera lui aussi l'un de ces élus.

La vie est donc une grande comédie, où il faut savoir tenir les rôles d'emprunt: «La plus part de nos vacations sont farcesques. *Mundus universus exercet histrioniam*» (III-10 p. 1011 b). Le lieu commun était ancien, mais Montaigne en déplace le sens: le spectacle ne se donne plus pour et devant un Dieu juge et justicier, qui s'est absenté. L'homme joue pour lui-même, devant le regard des autres, une comédie d'ombres, dont il n'a plus le sens. Si «vanité» il y a, elle ne tient pas à quelque pessimisme moral, mais à la dimension ontologique d'un sujet, qu'une distance sépare irrémédiablement des choses comme de lui-même, alors que toutes les autres créatures jouissent du bonheur inconscient de coller à leur personnage. Montaigne rêve de se confondre et de se perdre en lui-même, comme il le fit avec La Boëtie, mais quoi,

> (b) il faut jouer duement nostre rolle, mais comme rolle d'un personnage emprunté. Du masque et de l'apparence il n'en faut pas faire une essence reelle, ny de l'estranger le propre. Nous ne sçavons pas distinguer la peau de la chemise. (c) C'est assés de s'enfariner le visage, sans s'enfariner la poictrine. (III-10 p. 1011)

---

[1] Je renvoie à l'analyse que j'ai proposée de ce Prologue dans le *Royaume d'exil*, Paris, 1991.

MONTAIGNE SPECTATEUR

Pour sa part, il distingue d'autant mieux sa peau de sa chemise, qu'une autre dualité l'y incite: en même temps qu'il joue la farce sur scène, il se voit sur les gradins d'où il se regarde, à la fois acteur et spectateur, ludique et lucide, ludique parce que lucide. Ce nouveau partage est de tous le plus radical, parce que c'est lui qui les révèle à la conscience. L'ubiquité assigne à la mauvaise foi son lieu et son non-lieu: regardant, regardé, coupable, non coupable.

Mêlé «dès sa naissance», on s'en souvient, aux «gens de la plus abjecte fortune», il est devenu spectateur de ceux dans lesquels il ne pouvait se fondre, et dont toute sa vie il essaiera de jouer la simplicité naturelle. «Ce que je voyois, je le voyois bien»: la lucidité fut la plus précoce de ses facultés, qui lui permettait de «se mirer» dans les autres:

> Pour m'estre dès mon enfance dressé à mirer ma vie dans celle d'autruy, j'ay acquis une complexion studieuse en cela, et quand j'y pense, je laisse eschapper autour de moy peu de choses qui y servent. (III-13 p. 1076 b)

Les *Essais* composent le registre de ses notes prises au double spectacle des autres et de lui-même, car l'aliénation atteint aussi le monde, quand le sujet le met en représentation du seul fait qu'il y joue. Tout y devient théâtre. Comment expliquer autrement le dégoût qui le prit «de belle heure» pour les «occupations publiques, alors qu'il y réussissait fort bien et qu'il en aimait l'agitation[1]:

> Enfant, on m'y plongea jusques aux oreilles, et il succedoit: si m'en desprins je de belle heure. (III-1 p. 795 b)

1 «De ma complexion, je ne suis pas ennemy de l'agitation des cours; j'y ay passé partie de ma vie, et suis faict à me porter allegrement aux grandes compaignies, pourveu que ce soit par intervalles et à mon poinct» (III-3 p. 823 b). Cf. III-9 p. 988 b.

Montaigne n'en dit pas plus sur ce surprenant déprisement au cœur du succès, qui précéda (quand? les biographes n'en disent rien) sa retraite décisive[1]. Lorsqu'il prendra du service à la mairie de Bordeaux, il installera en lui la barrière de la rampe: «Le Maire et Montaigne ont tousjours esté deux, d'une separation bien claire» (III-10 p. 1012 b). Il n'eut guère de difficulté à se séparer ainsi de lui-même: depuis longtemps il regardait depuis les gradins du stade:

> Nostre vie, disoit Pythagoras, retire à la gande et populeuse assemblée des jeux Olympiques. Les uns s'y exercent le corps pour en acquerir la gloire des jeux [...]. Il en est, et qui ne sont pas les pires, lesquels ne cerchent autre fruict que de regarder comment et pourquoy chaque chose se faict, et estre spectateurs de la vie des autres hommes, pour en juger et regler la leur. (I-26 p. 158 c)

L'astuce de Montaigne consiste à convertir en règle de morale le diktat de la nature. Voici par exemple ce qu'il déclare dans le chapitre «De l'institution des enfans», d'où est prise cette dernière citation: «Je vous veux dire là dessus une seule fantaisie que j'ay contraire à la commune» (p. 150 a). On ne s'est guère demandé quelle est cette pensée unique qui commande l'ensemble de ce chapitre important. Le regard étant, aux deux sens, notre partage, il faut en enseigner l'usage aux enfants, on les dressera à prendre conscience de cette faiblesse pour qu'ils en fassent une force. Le précepteur donnera l'exemple en mettant son pupille «sur la montre» comme un poulain au débourrage. Après quoi, il le fera voyager dans le monde, dans les livres pour qu'il puisse se presenter,

---

[1] Et dans ce «on» qui le «plongea» si tôt et si totalement dans le sérieux des affaires, passe comme un reproche à l'adresse d'un père décidément bien directif, qui de surcroît, pour lui-même, quand il fut maire de Bordeaux, ne sut pas établir la sauvegarde de la distance intérieure (III-10 p. 1005 b).

> comme dans un tableau, cette grande image de nostre mere nature en son entiere magesté [...]. Ce grand monde [...] c'est le mirouër où il nous faut nous regarder pour nous connoistre de bon biais. (p.157 a)

Eduquer, c'est mettre l'enfant à l'école du regard. Surtout que, paradoxalement, son propre moi est à chacun la plus étrangère des terres à explorer. Montaigne est à lui-même son propre voisin, son propre objet:

> Je ne m'ayme pas si indiscretement et ne suis si attaché et meslé à moy, que je ne me puisse distinguer et considerer à quartier: comme un voisin, comme un arbre. (III-8 p.942 c)

Redoutable scission, qui donne à la logique du *Distingo* la froideur d'une expérimentation. Montaigne, étranger à lui-même, se voit comme cette chose, cet animal qu'observe le savant. C'est ce qu'il appelle «l'exercitation», grâce à laquelle on peut tout «apprivoiser», même sa propre mort (II-6), même l'amour, comme cette fois où, lui, en comparaison de qui «jamais homme n'eut ses approches plus impertinemment genitales» (III-5 p. 890 b), sut hypnotiser, dirait-on, sous son regard telle «passion d'amour» qui montait en lui:

> Je la sentois, naistre, croistre, et s'augmenter en despit de ma resistance, et en fin, tout voyant et vivant, me saisir et posseder de façon que, comme d'une yvresse, l'image des choses me commençoit à paroistre autre que de coustume; je voyois evidemment grossir et croistre les avantages du subjet que j'allois desirant [...]; mais, ce feu estant evaporé, tout à un instant, comme de la clarté d'un esclair, mon ame reprendre une autre sorte de veuë, autre estat, autre jugement. (II-12 p. 569 a)

Le regard voit l'âme perdre sa vue et la reprendre; il se voit vivant, aveugle et voyant, tandis que là-bas, «à quartier», la passion accomplit son cycle naturel.

> Chacun regarde devant soy; moy je regarde dedans moy: je n'ay affaire qu'à moy, je me regarde sans cesse, je me contrerolle, je me gouste [...]; je me roulle en moy mesme; (II-17 p. 657-658 c)

> Moy qui m'espie de plus près, qui ay les yeux incessamment tendus sur moy. (II-12 p. 564 a)

Les *Essais* multiplient les déclarations de ce genre. Cette disposition duelle était ancienne chez Montaigne, elle n'est pas le fruit de l'écriture, comme l'Avis au Lecteur pouvait le donner à croire; mais l'écriture en a été le résultat. Il n'a pas «découvert son moi» au terme du premier temps de sa retraite[1]. On peut simplement penser qu'à ce moment il décida de «se peindre» plus directement, et non plus en filigrane dans des sujets extérieurs à lui-même. Il avait pris assez d'assurance pour risquer d'étaler en public ce qu'il nommait, on s'en souvient, sa «cicatrice», à savoir «l'irrésolution» (II-17 p. 653-654 a) liée à la fracture intérieure de son moi.

> Je m'estudie plus qu'autre subject. C'est ma metaphisique, c'est ma phisique. (III-13 p. 1072)

«MESTIS, LE CUL ENTRE DEUX SELLES»

Quand le regard se fait à ce point aigu qu'il avive les contradictions, la paralysie est le résultat prévisible, doublement motivé: tandis que les «humeurs» s'emparent du sujet et le «clouent» dans telle ou telle posture, de son côté la lucidité démonte les choix au point de les rendre impossibles. Montaigne recherche d'autant plus obstinément «la liberté», «l'aise», «la souplesse», toutes qualités des «belles ames»[2], que

---

1 C'était là encore l'interprétation de Pierre Villey, qui a si longtemps fait autorité.

2 Ses héros préférés, Alcibiade, Epaminondas ou Socrate, sont tous des personnages qui ont su accommoder leur conduite aux situations les plus

lui-même se fige au cœur du mouvement qui l'entraîne. On a vu comment, par exemple, «parmy les dames et les jeux», il se retirait en lui-même, comme tétanisé par la pensée de la mort.

Cette paralysie est ce qu'il nomme sa «médiocrité», c'est-à-dire sa façon d'être pris en tenaille, «entre» ses qualités contraires: «Je suis duit à un estage moyen, comme mon sort, aussi par mon goust» (III-7 p. 917 b). «Montaigne aime les triades», note fort justement Jean Starobinski, et il cite nombre d'exemples de ce «dispositif ternaire»[1], qui, dit-il, «souvent, aide Montaigne à déterminer le lieu où il se range, la place où il se trouve assigné, par opposition à deux contraires qu'il récuse». Mais il faudrait remarquer que cette place médiane est rarement un espace d'équilibre ou de sérénité. Dans la «tierce condition» à laquelle il doit se ranger, n'étant pas capable des postures extrêmes, ne prévaut pas «la relation détendue et maîtrisée», où «s'épanouit le libre mouvement de l'âme, sans tension ni contrainte», comme l'écrit encore Starobinski . Incapable d'accéder, au-dessus, au-dessous de lui, aux registres dont la perfection l'éblouit, il se résigne à occuper l'entre-deux, où l'on a tort de voir l'idéal tantôt aristotélicien de la vertu, tantôt petit-bourgeois de la quiétude douillette, égoïste. Il faut y regarder de plus près:

> Les paisans simples sont honnestes gens, et honnestes gens les philosophes, ou, selon nostre temps, des natures fortes et claires, enrichies d'une large instruction de sciences utiles. Les mestis qui ont dedaigné le premier siege d'ignorance des lettres, et n'ont pu joindre l'autre (le cul entre deux selles, desquels je suis, et tant d'autres), sont dangereux, ineptes et importuns: ceux icy troublent le monde. Pourtant de ma part je me recule tant que je suis dans le premier et naturel siege, où je me suis pour neant essayé de partir. (I-54 c)

---

contraires:» Les plus belles ames sont celles qui ont le plus de varieté et soupplesse [...]. Les moins tandues et plus naturelles alleures de nostre ame sont les plus belles; les meilleures occupations, les moins efforcées» (III-3 p. 818, 820 c).

1 *Montaigne en mouvement*, Paris, 1982, p. 159 sq.

Il y a les natures fortes, chez qui la science et la vertu sont devenues un état de nature au terme d'un combat héroïque[1]; à l'autre bord, il y a «les paisans simples», à qui leur ignorance et leur vertu naturelle assurent le bonheur. Ceux qui habitent ces deux étages opposés ont ceci de commun, qu'aveugles à tout ce qui n'est pas de leur registre, ils ignorent la complexité des situations et vivent heureux dans leur certitude. Les «mestis», dont Montaigne fait partie avec «tant d'autres», conscients de l'universelle diversité, vivent dans l'inconfort et troublent donc l'ordre des choses auquel ils ne peuvent se plier. En eux les contraires se rencontrent sans jamais s'accorder, ils se heurtent dans l'incohérence:

> La moyenne region loge les tempestes; les deux extremes, des hommes philosophes et des hommes ruraus, concurrent en tranquillité et en bon heur. (III-10 p. 1020 b)

> Le peuple se trompe: on va bien plus facilement par les bouts, où l'extremité sert de borne d'arrests et de guide, que par la voye du milieu, large, ouverte, et selon l'art que selon la nature, mais bien moins noblement aussi, et moins recommandablement. (III-13 p. 1110 b)

On a bien lu: «l'art», c'est la facilité des attitudes extrêmes, entières; la «nature» n'est pas harmonie, ordre, repos. mais une «voye ouverte» à tous les vents; la contradiction fait sa vérité. Nous avons rappelé la légitime suspicion de Montaigne à l'égard des héros: ils se réfugient dans leur bravoure, qui leur offre la sécurité, et le plaisir même, «tesmoing le jeune Caton», type de la bravoure stoïque, au moment de sa mort exemplaire:

> Je croy sans doubte qu'il sentit du plaisir et de la volupté en une si noble action, et qu'il s'y agrea plus qu'en autres de

---

[1] Socrate, par exemple, qui sut «corriger par force de la raison» ses «propensions naturelles» et «son vicieux ply» (III-12 p. 1059).

> celles de sa vie. [...] Je le croy si avant, que j'entre en doubte s'il eust voulu que l'occasion d'un si bel exploit luy fust ostée.[1] (II-11 p. 424 a)

L'homme vrai est celui qui s'accepte dans sa totalité, quitte à devenir «inepte», «dangereux», «importun», quitte à «troubler le monde» et vivre lui-même dans l'inconfort. Il fut donné au seul Socrate de parvenir à une sorte d'héroïsme de la médiocrité, qui alliait miraculeusement les contrariétés de la nature. Montaigne dit de son plaidoyer devant les juges qui allaient le condamner à mort, qu'il fut «sec et sain, mais quand et quand naïf et bas, d'une hauteur inimaginable» (III-11 p. 1054: le «bas» fit sa «hauteur», «en une hardiesse inartificielle et niaise», «en une securité puerile» (ibid.), où l'extrême lucidité retrouvait l'évidente simplicité de l'enfance. Pour tout autre que Socrate, l'honnêteté consiste à s'accepter tel qu'on est, à ne repousser aucune des forces qui meuvent en tous sens le composé humain.

Il faut donc renoncer à «expliquer» Montaigne en recourant à l'une ou l'autre des définitions qu'il donne de sa «complexion»[2]: elles sont si contraires et nombreuses, que seule cette diversité a chance de porter sa vérité. Il ne s'est

---

1 Cf. III-12 p. 1037-1038 b: «En Caton, on void bien à clair que c'est une alleure tenduë bien loing au dessus communes: aux braves exploits de sa vie, et en sa mort, on le sent tousjours monté sur ses grands chevaux».

2 C'est ce qui grève à mes yeux nombre d'études, qui tentent d'arraisonner Montaigne dans le filet d'un mot, celle, par exemple, d'A.-M. Screech, *Montaigne et la mélancolie* (Paris, 1992), qui s'appuie sur sa prétendue complexion mélancolique pour expliquer son cheminement vers «l'extase». Si Montaigne a bien cédé à une «humeur melancholique» quand il se mit à écrire, il ajoutait aussitôt que ladite humeur était «tres ennemie de [sa] complexion naturelle», et l'on se souvient qu'il se dit «non melancholique, mais songecreux». Sans doute mesure-t-on assez bien aujourd'hui la place qu'à l'époque de Montaigne on accordait à la mélancolie, mais il est étrange de recourir encore à la vieille théorie des humeurs et des complexions, comme si elle avait valeur herméneutique, alors qu'elle est elle-même à interpréter. Autre temps, autre système, et Montaigne, qu'on le veuille ou non, est tributaire du nôtre, lequel n'est pas éternel.

jamais arrêté, «résolu» à l'une de ses parts, pas plus qu'il n'a consenti à sacrifier telle ou telle, trop importune:

> (a) J'ay [...] la complexion (b) entre le jovial et le melancholique, (a) moiennement sanguine et chaude. (II-17 p. 641)

Voilà peut-être ce qu'il peut dire de plus exact sur lui-même: il est «entre», c'est-à-dire qu'il occupe ce milieu, ce vide qui sépare sans médiation, sans compromis possible[1], les forces opposites; c'est là qu'il tente de loger son «jugement» pour maintenir droit le fléau d'une balance qui penche au gré de débordements:

> J'y apporte trop peu de resistance, et me laisse trop ayséement pancher à l'autre part de la balance. (II-11 p. 428 a)

Quitte à se laisser ballotter. Hasardons l'hypothèse que l'aisance, la grâce, la souplesse dont il rêve, ne lui seront accordés que par l'écriture, et il aura du mal à le reconnaître. Mais en dehors de là, Montaigne, homme de toutes les qualités, est par là même un homme sans qualité: tout et rien à la fois, sinon ce retrait où, s'enfonçant infiniment en lui-même, il s'en écarte toujours plus.

La vanité de «l'humaine condition» consiste en ce défaut d'être, qui la tient en suspens au cœur d'une création qui a les apparences de la plénitude. L'homme lucide «se reconnaît» à ce qu'il est contraint de vivre «au milieu entre»: «Toute humaine nature est tousjours au milieu entre le naistre et le mourir» (II-12 p. 601 a). Et quand bien même Montaigne eût-il eu le «cul assis au plus eslevé throne du monde» (III-13 p. 1115 c), il n'eût pas perdu la lucidité de savoir qu'il n'en était pas moins «entre deux selles».

---

[1] En quoi Montaigne n'est pas disciple d'Aristote, pour qui toute vertu était la conciliation d'attitudes extrêmes, et donc vicieuses.

CHAPITRE IV

L'univers aliéné: Les formes du monde et la connaissance

Tout lecteur des *Essais* a tôt fait de remarquer le mouvement de bascule, grâce auquel, passant des «autres» à «moy» ou inversement, Montaigne structure si fréquemment son propos: il ne peut se peindre que par différence, sur fond d'étrangeté ou d'opposition:

> Il y a plusieurs années que je n'ay que moy pour visée à mes pensées [...], et si j'estudie aute chose que moy, c'est pour soudain le coucher sur moy ou en moy, pour mieux dire. (II-6 p. 378 c)

On pourrait en conclure que, si curieux de ce qui le distingue des autres et fait de lui un «monstre», il se réserve le triste privilège du mal-être qu'est l'aliénation. Mais – hypertrophie du moi? lucidité sans concessions? – la totalité de l'univers lui semble au contraire pareillement contaminée par le mensonge et la folie. Dans la totalité, il est le microcosme qui en reflète l'image.

LE MONDE ÉCLATÉ: «EXPÉRIENCE» ET «CONNAISSANCE».

Ce même regard que Montaigne projette sur lui et sur le monde est un regard si neuf, si impitoyable, qu'après avoir décrassé, dirait-on, les formes ordinaires des fausses apparences qui forçaient notre confiance, il les abandonne, cassées, éclatées, à la conscience «bouleversée». Un maître-mot, dont Montaigne n'est pas l'inventeur, mais qu'il charge d'une tout autre signification, résume cette opération du regard: c'est «l'expérience». Ce terme désigne la somme hétéroclite des occurrences (histoires, pensées, faits divers) qui composent la vie. Une fois débarrassées des faux discours qui prétendent les expliquer, elles se présentent comme autant de petites énigmes: d'où viennent-elles? où vont-elles? que signifient-elles? L'expérience les rassemble, rendues à leur donnée brute et première, mais aussi à la non-règle de la dissemblance généralisée. Le monde s'est divisé en une multiplicité de formes, d'éléments, d'agrégats, entre lesquels la raison ne perçoit plus de liens: décomposé, atomisé, il semble flotter en dérive dans une sorte d'éther vide[1]. Eclaté aussi, le savoir qui nous en transmettait l'image faussement intelligible: lambeaux de textes, de récits, de faits, d'histoires, de souvenirs. La fragmentation est devenue la seule constante de l'univers.

C'est la constatation sur laquelle s'ouvre le chapitre «De l'expérience» qui clôt les *Essais* (III-13) pour les conclure à juste titre. Dès la première ligne, Montaigne y recueille l'écho d'Aristote: sa *Métaphysique* s'ouvrait par cette déclaration qui était devenue, comme le remarque justement A.-M. Screech, «un lieu commun central de la philosophie scolastique»[2]: «Tous les hommes désirent naturellement savoir», et Montaigne reprend: «Il n'est desir plus naturel que le desir de connaissance». Partant de cette exigence comme d'un postulat, Aristote montrait comment de «l'expérience» à la «science», en passant par les sensations, les souvenirs et «l'art» (*technè*), se formait la chaîne de la connaissance. Elle progressait du particulier au général par un cheminement

---

1 A ce constat plutôt désespéré, il faut opposer les affirmations contraires par lesquelles Montaigne dit sa certitude qu'il y a bien une «police de l'univers», faite d'ordre et de continuité. Je reviendrai sur cette contradiction.

2 *Montaigne et la mélancolie*, p. 111.: «Le chapitre consacré à l'expérience, qui clôt la longue quête des *Essais*, commence par un écho des déclarations les plus péremptoires d'Aristote», écrit justement Screech, qui ne voit pas cependant que cet écho contredit Aristote et toute la scolastique.

naturel: «L'expérience est une connaissance de l'individuel, et l'art, de l'individuel»[1] . Aristote, fort intelligemment, faisait de «l'expérience» une opération de la raison qui en assemblant les éléments ainsi collectés composait la science. Or c'est ce trajet et cette alliance du sensible et de l'intelligible qu'aussitôt après la déclaration liminaire de son chapitre Montaigne déclare impossibles:

> Nous essayons tous les moyens qui nous y [à la connaissance] peuvent mener. Quand la raison nous faut, nous y employons l'experience [...] qui est un moyen plus foible et moins digne (p. 1065 b).

Entre la raison et l'expérience les ponts sont en effet coupés, et comme la première a démontré son incapacité (voir l'*Apologie de Raimond Sebond*), nous sommes abandonnés aux rives chaotiques de la seconde. La «dissemblance» s'est partout insinuée dans les choses, au point de rendre impossible la pensée du général, dans la raison surtout, qui a perdu sa visée universaliste:

> (b) La raison a tant de formes, que nous ne sçavons à laquelle nous prendre; l'expérience n'en a pas moins. La consequence que nous voulons tirer de la ressemblance des evenemens est mal seure, d'autant qu'ils sont tousjours dissemblables: il n'est aucune qualité si universelle en cette image des choses que la diversité et varieté [...] La ressemblance ne faict pas tant un comme la difference fait autre.(c) Nature s'est obligée à ne rien faire autre, qui ne fust dissemblable. (ibid.)

La raison, qui avait jadis la charge de construire les grandes sommes du savoir, compte elle-même «tant de formes» qu'elle tombe à son tour, déchue de son ancien magistère, dans le vivier de l'expérience; chacune de ses manifestations est une des ces «images des choses» qui

---

1 Traduction de Jean Tricot, Paris, 1970, p. 3 et 6.

composent Nature. L'expérience, c'est ce qui reste de l'univers, quand l'ancien système des relations rationnelles, c'est-à-dire discursives, s'est effondré: à savoir une sorte de grand bazar, où se côtoient toutes sortes de «miracles», merveilles ou monstres, qu'aucune nécessité ou finalité ne réunit. Tout lecteur des *Essais*, pour peu qu'il ait pratiqué d'autres textes du temps, est frappé par l'absence de ce finalisme naïf coutumier à leur époque et que Bernardin de Saint-Pierre pratiquera deux siècles plus tard encore.

Il n'est donc de connaissance que du particulier, chaque fois assumée par un sujet lui-même particulier. L'éclatement de l'expérience s'accroît du fractionnement des regards sur le bric-à-brac universel. Comment juger la conscience et la lucidité de chaque témoin? Comment accorder leurs témoignages contradictoires? Montaigne s'interroge à plusieurs reprises sur la fiabilité de ceux dont il emprunte telle ou telle histoire. Il se méfie de ces «fines gens», par exemple, qui «glosent» au lieu de «représenter les choses pures» (I-31 p. 205 a). L'expérience est la somme des «choses vues» et le plus souvent mal rapportées. Lui-même ne manque pas de consigner d'un «je vois», «je vis», «j'ay veu», «j'ay ouï dire», etc.[1], ce dont il peut directement faire état. Mais ces «expériences» ne forment que l'infime partie de ce qui est donné à connaître: il faut y joindre tout ce que les siècles ont consigné dans les textes. Le retour des littératures antiques, la découverte de la textualité étrangère ont suscité certes la fièvre de l'enthousiasme, mais celle surtout de l'angoisse devant tant de diversités inconciliables. Sans doute, à l'époque de Montaigne, ces apports étaient des événements achevés, reconnus, mais leur assimilation faisait toujours problème, et si lui-même admirait les vieux «champions» de l'Antiquité, nous avons dit qu'il les portait aussi comme sa croix. Le temps du premier Humanisme avait été celui

[1] Ce sont en effet de véritables tics d'écriture, comme on peut s'en rendre compte en consultant la *Concordance des* Essais, aux articles «voir», «vu», «vis» (R.D. et A. Leake, Genève, 1981).

des synthèses éblouies; le temps des *Essais* fut celui du bilan. Que fallait-il retenir de la mémoire des siècles, accumulée comme un trésor si bigarré que la bigaille s'y mêlait aux perles rares?

UN MONDE SANS FICTIONS: LA MORT DES SIGNES

Tous les moralistes, qu'ils fussent païens ou chrétiens, avaient déjà dénoncé l'inconstance du monde, sa *vanitas vanitatum*, mais ils croyaient à l'unité de l'univers et à sa finalité. Les physiques et les métaphysiques décrivaient les réseaux de «correspondances», avec leurs cercles concentriques, dont Dieu occupait aussi bien le centre que la périphérie. La philosophie scolastique avait inventé le langage pour décrire «l'adéquation de la chose et de l'intellect», et sa logique épousait celle de l'univers. L'inconstance et la vanité étaient le propre des humains insensés, mais la science (savoir, sagesse et foi réunis) en était le remède dont les clercs avaient la charge.

Les *Essais* considèrent tous ces systèmes comme autant de fictions; le regard de Montaigne décape le monde des leurres qui jusque là le donnaient à comprendre, et donc à vivre, il défictionnalise la réalité, il la restitue à sa sèche vérité. Disons autrement que les *Essais* marquent la fin des vieilles sémiologies, qui justifiaient l'ordre des choses par le modèle de l'univers. Celui-ci formait un livre, où ceux qui étaient capables d'en déchiffrer les signes lisaient la volonté divine. Maintenant, des signes sont là, partout épars, dépouillés de leur poids de sens, de leur lisibilité. Le dehors ne permet plus de comprendre le dedans; entre «la crouste» et «le massif» la rupture s'est généralisée, et le mensonge est devenu la règle, comme il se voit aux guerres modernes qui font de la ruse machiavélienne l'arme privilégiée.

De façon générale, les hommes ont perdu l'intelligence de ce qui les reliait aux forces supérieures. Quand ils prétendent la détenir encore, ils en usent de façon si sotte ou prétentieuse, qu'ils déclenchent l'ire de Montaigne, tel

> ce tas de gens, interpretes et contrerolleurs ordinaires des dessains de Dieu, faisans estat de trouver les causes de chaque accident, et de veoir dans les secrets de la volonté divine, les motifs incomprehensibles de ses œuvres. (I-32 p. 215 a)

«Plaisants causeurs! « dira-t-il au chapitre «Des boyteux» (III-11), de ceux qui «laissent là les choses et s'amusent à traiter les causes»:

> La connaissance des causes appartient seulement à celuy qui a la conduite des choses, non à nous qui n'en avons que la souffrance, et qui en avons l'usage parfaictement plein, selon nostre nature, sans en penetrer l'origine et l'essence. (p. 1026 c)

Le temps est révolu où la chose et la cause étaient un même mot. Le système aristotélicien des quatre causes permettait de voir dans les choses, de les replacer dans la totalité où elles prenaient sens. Désormais, l'opacité les recouvre, et les «causeurs» sont devenus ce qu'ils sont pour nous, gens qui bavardent dans le vide:

> Ces gens qui se perchent à chevauchons sur l'épicycle de Mercure, qui voient si avant dans le ciel, ils m'arrachent les dens (II-17 p. 634 a)

Mais si ces gens ne doutent ni d'eux-mêmes ni de leur ancien savoir, s'ils croient toujours détenir les règles de la grammaire universelle, la faute en retombe aussi bien peut-être sur Celui qui, Cause première, nous laisse dans l'ignorance de ses desseins. Parfois la plume de Montaigne semble prise d'un tremblement d'humeur dépite, comme ici, sous le couvert de Plaute:

> Les dieux s'esbatent de nous à la pelote, et nous agitent à outes mains: *Enimvero Dii nos homines quasi pilas habent* (III-9 p. 960 b)

«Les dieux»: dénomination commode et à la mode, en ces temps, pour exprimer l'angoisse d'être livré à une transcendance éclatée dans un pluriel sans visage. La religion de Montaigne était sans nul doute «fidéiste», proche du *credo quia absurdum* augustinien. Dieu s'est écarté de sa création: si l'univers parle encore, il le fait dans la confusion, à laquelle les humains ajoutent celle de leur propres signes. Les paroles dégelées ne composent plus qu'un immense brouhaha. «Cymbalum mundi», comme di- sait Bonaventure Des Périers, au titre de ses quatre dialogues, où il faisait bruire la parole vide d'autres «plaisants causeurs», ce que Montaigne, redisait à sa manière: «Le monde n'est que babil»(I-26 p. 168 a). Plus rien ne veut plus rien dire.

L'UNIVERS DES FORMES

Retirer aux choses du monde leurs fictions, c'était les priver de leur susbstance. Ce que révèle par exemple l'hésitation de sens du terme «forme», l'un des plus fréquents dans le lexique des *Essais*[1] .

Dans la philosophie aristotélicienne, la «forme» était la cause agissante de la matière, le principe interne qui donne aux êtres leur unité; elle en était «l'énergie» qui la transforme et l'individualise, en même temps qu'elle lui confère son «essence». Il arrive à Montaigne d'employer le terme dans cette acception, notamment dans l'*Apologie:*

> Or, nos raisons et nos discours humains, c'est comme la matiere lourde et sterile: la grace de Dieu en est la forme (p. 447 a)

---

[1] La *Concordance de Montaigne* en relève 177 occurrences au singulier et 62 au pluriel.

> Il semble n'estre pas vray-semblable que Dieu ait faict ce seul ouvrage sans compaignon, et que la matiere de cette forme ait esté toute espuisée en ce seul individu. (p. 524 a)

> Que les choses ne logent pas chez nous en leur forme et leur essence [...], nous le voyons assez.(p. 562 a)

Il est déjà notable que dans le premier de ces exemples, l'opposition forme / matière n'a guère qu'un rôle d'image, où la forme est devenue l'apparence des choses, et en tant que telle les constitue. En tête du chapitre I-14 (p. 50 a), on lit:

> Les hommes (dit une sentence Grecque ancienne) sont tourmentez par les opinions qu'ils ont des choses, non par les choses mesmes [...]. Nous sommes estrangement fols [...] de donner aux maladies, à l'indigence et au mepris un aigre et mauvais goust [...], la fortune fournissant simplement de matiere, c'est à nous de luy donner forme.

Cette fois, l'écho ce la distinction de la philosophie en est le détournement: la forme n'est plus unie à la matière, même pour la recouvrir de sa réelle apparence, elle figure aux nombre des «opinions» que nous projetons sur les choses pour les farder, elle relève de notre «fantaisie». La notion de forme imaginaire est en train de se substituer à celle de forme substantielle, ce qui ne surprend pas, quand on se rappelle l'accent mis par Montaigne sur l'action de l'imagination. Dans un langage prékantien, il affirme que «les yeux humains ne peuvent apercevoir les choses que par la forme de la connaissance» (II-12 p. 535 b). Ces formes «a priori», dont l'esprit revêt à sa guise la réalité, n'ont certes pas l'universalité kantienne: elles enlèvent aux perceptions sensibles et intellectuelles toute crédibilité, et les choses n'ont d'existence que dans la représentation éclatée de chacun. C'est le thème non de l'*Apologie* seulement, mais de nombreux chapitres. Au mieux, ces formes revêtent les choses du «moule», du type coutumier grâce auquel nous les identifions:

> L'ame qui loge la philosophie [...] doit former à son moule le port extérieur. (I-26 p. 161 a)

> [La fortune] ne peut rien sur nos mœurs; au rebours elles l'entrainent à leur suite et la moulent à leur forme. (I-50 p. 303 c)

Le terme peut alors parfois se souvenir de son origine latine, *forma*, la beauté. Mais comme il a perdu toute valeur substantielle, il ne désigne jamais que le contour externe et purement arbitraire des objets, leur»figure», leur «image», leur «visage», leur «lustre», par quoi ils se présentent à notre expérience: «forme d'une belle ville», «forme du parler», «forme de vivre», «forme de police» ou de «gouvernement», «forme des salutations», etc. Elle est la loi des caprices de la coutume:

> [L'accoutumance] nous peut duire non seulement à telle forme qu'il luy plaist, mais au changement aussi et à la variation, qui est le plus noble et le plus utile de ses apprentissages. (III-13 p. 1082-3 b)

La coutume est «le breuvage de Circé» (ibid. p. 1080 b), la magicienne qui revêt d'illusions la nature, mais qui est assez bonne fille pour nous prêter parfois ses charmes.

Mais qu'en est-il lorsque Montaigne parle de sa «forme», comme si c'était, par delà sa complexion muable, un donné originel et stable? Il la dit «naïve», «ordinaire», «première», «universelle», et même «essentielle». A force de se peindre, est-il parvenu à saisir la plénitude de sa nature? En réalité, ce qu'il appelle sa «forme» n'est jamais que l'humeur prépondérante à laquelle chaque fois l'accoutumance l'a plié pour l'adapter aux diverses situations. Sa «forme», c'est la «diversité», la «souplesse». Il en fait même la caractéristique de l'humanité entière. On connaît la fameuse déclaration: «Chaque homme porte la forme entiere de l'humaine condition» (III-2 p. 805 b). On a fait de l'aphorisme le résumé de sa philosophie essentialiste, et deux philosophes l'ont ainsi commenté: «Forme a ici un sens philosophique, technique; ce qui varie, ce sont les accidents; mais la forme, c'est-à-dire l'essence, est la même chez tous»[1] . Certes, mais encore faut-il comprendre que dans le contexte de cette phrase, cette essence de l'homme est la négation de toute essence. Quelques lignes plus haut, on lit le non moins fameux «je ne peins pas l'être, mais le passage»[2] . La «forme» de l'homme, c'est l'écoulement, le «branle», «de minute en minute»; son «essence», c'est le non-être, une succession d'«accidents» qui ne reposent sur aucun substrat, tout cela qui interdit qu'on s'arrête à toute autre définition de soi que la perte de soi.

FORME SUBSTANTIELLE, FORME ESTHÉTIQUE

L'expérience est donc faite d'un agrégat de formes peu consistantes, incohérentes, toujours autres. L'univers, les sociétés, les conduites sont prises dans un tourbillon d'apparences, dont aucune n'est plus fiable que la suivante, et qui se substituent les unes aux autres sans raison et pour un laps de temps indéterminé .

On mesurera mieux l'importance qu'il faut accorder à cette description, si on la rapproche de la mutation que Copernic avait déjà opérée dans le système de la physique, et l'on sait que les thèses de l'astronome étaient répandues

---

[1] G. Gougenheim et P.-M. Schuhl, *Trois Essais de Montaigne*, Paris, 1951, p. 67.

[2] Quand j'écris, je lis peu, nous dit Montaigne, de peur que les livres «n'interrompent ma forme», (III-5 p. 874 b), c'est-à-dire l'humeur du moment au mieux de son inspiration (cf. infra p. 199 sq.).

jusque dans dans l'entourage de Montaigne[1] . Qu'il les ait écartées, non sans révérence, dans *l'Apologie*, confirme l'intérêt qu'il leur portait[2] . Alexandre Koyré a défini en ces termes ce que fut la vraie révolution copernicienne: «La dynamique de Copernic [...] n'a rien de moderne. Et cependant un abîme le sépare de ses contemporains. C'est que spontanément et sans hésitation, il applique à l'Univers le point de vue esthétique: d'une esthétique géométrique; de même, peut-être sans le remarquer, et en tout cas sans nous le dire *expressis verbis*, Copernic fait une physique géométrique; plus exactement une physique de la géométrie optique. Ainsi, d'une part, il transforme la notion de forme: là où la physique ancienne parlait de forme *substantielle*, Copernic entend *forme géométrique*. Les conséquences, on s'en rend compte, sont graves: là où pour la physique ancienne, c'était la nature spécifique de la forme (et de la matière correspondante) substantielle qui déterminait le mouvement circulaire des corps célestes, ce sera, pour Copernic, leur forme géométrique, la sphéricité, qui désormais jouera ce rôle.»[3]

Copernic préludait aux temps cartésiens, où la matière vidée des ses «vertus» occultes en même temps que de sa «cause formelle», serait pure étendue, offerte au seul calcul de

---

[1] Henri Busson (*Le rationalisme dans la littérature française de la Renaissance*, Paris, 1957 p. 257) note qu'Elie Vinet expliqait Copernic au Collège de Guyenne dans les années 1559. En 1557, Guy de Bruès, dans ses *Dialogues* se faisait l'écho des discussions suscitées dans l'Académie de Dorat par ses idées. Pierre de Mesme, dans ses *Institutions astronomiques* (1567) les écartait. Pontus de Tyard y faisait allusion dans *L'Univers* (1557) et dans le *Mentice* (1558). Copernic avait exposé les grandes lignes de son système dès 1530 dans le *Commentariolus*, et son ouvrage essentiel, le *De revolutionibus orbium cœlestium* fut publié en 1543, l'année de sa mort.

[2] «De nostre temps, Copernicus a si bien fondé cette doctrine [de l'héliocentrisme] qu'il s'en sert très-regléement à toutes les consequences Astronomiques. Que prendrons nous de là, sinon qu'il ne nous doit chaloir lequel ce soit des deux? Et qui sçait qu'une tierce opinion, d'icy à mille ans, ne renverse les deux precedentes?»

[3] *La révolution astronomique*, Paris, 1962, p. 61.

la mathématique et de la physique. Il fallait pour cela que, débarrassées des influx mystérieux dont les baignait l'ancien savoir, les formes visibles devinssent seulement observables, qu'elles fussent réduites à ce qu'elles offraient d'elles à la perception simple, à ce que Koyré appelle justement un «point de vue esthétique». Ce passage du dionysiaque à l'apollinien, si l'on peut dire, est analogue à celui que Montaigne opère quand il se propose de simplement «espier», «contempler» les formes du comportement humain, à commencer par le sien. Sa méthode est faite de défiance à l'égard de toute explication qui relève du surnaturel ou du «miracle». La sorcière, dont il s'enquit avec soin, avec qui il parla tout son saoul, comme il nous le raconte au chapitre «Des boyteux» (p. 1032), n'est pas plus le suppôt du diable que les héros ne le sont de la divinité.

Telle déclaration semble pourtant infirmer cette négation de la profondeur: Montaigne aime «sonder» les surfaces, découvrir les envers, arracher les masques:

> Nous sommes tous de lopins et d'une contexture si informe et diverse que chaque piece, chaque moment faict son jeu [...]. Ce n'est pas tour de rassis entendement de nous juger simplement par nos actions de dehors; il faut sonder jusqu'au dedans, et voir par quels ressors se donne le bransle. (II-1 p. 337-8 a)

Le «dedans» de ce «dehors» des actions humaines ne découvre aucune des grandeurs qui font par exemple les héros. Ce qu'il appelle «les humeurs transcendantes» l'effrayent, dit-il,

> et rien ne m'est à digerer fascheux en la vie de Socrates que ses ecstases et se demoneries, rien si humain en Platon que ce pourquoy ils disent qu'on l'appelle divin (III-13 p. 1115 c)

Ne pas «eschapper à l'homme», c'est reconnaître que le sujet n'est pas quelque substance pleine et cachée. Des forces externes ou internes, «ressors», donnent le «bransle» à l'assemblage, mais les humains se réduisent à la surface phénoménale de leurs formes, de leurs «lopins», dont il est difficile de comprendre le mécanisme, comme la physique commençait à s'y essayer au même moment. L'expérience forme un monde pelliculaire, dont l'intelligence relève du regard.[1]

Ce phénoménisme a privé l'univers de son épaisseur, c'est-à-dire de la part divine qui donnait appui et réconfort à la solitude humaine. A la place, le vide étale son mystère et suscite des peurs[2] . Mais en contrepartie, ce que Montaigne appelle «le jugement» a gagné d'être délivré de ses anciennes «preoccupations» ou partis pris: «Pour Dieu mercy, ma creance ne se manie pas à coups de poing», déclare fièrement Montaigne au chapitre «des Boyteux» (p. 1031 b), consacré à dénoncer la croyance aux causalités occultes. Il faut du courage pour quitter les anciens systèmes d'explication, se délivrer les coutumes, tout cela qui rendait le monde confortable, habitable. L'acuité du regard est l'acte subversif qui donne la liberté de penser, mais se paie de l'exil, du retranchement.

En retour toutefois, «l'esthétique» est donnée, comme Koyré le notait à propos de la physique copernicienne. L'esthétique, comprenons, au sens étymologique, ce mode de perception qui, du seul fait qu'elle est dégagée de ses anciennes prises, voit les choses différemment, et peut, comme dit Montaigne, «s'amuser» (muser auprès des muses) au

---

1 Quand il essaie de «s'entretenir» avec lui-même ou de «se peindre», il ne saisit que ses traits du dehors, comme aux chapitres II-17, 18 et III-13 où il s'y essaie particulièrement: le miroir de son chevalet lui renvoie l'image de ses goûts, humeurs et traits corporels.

2 Cet éloignement de la transcendance que Montaigne constate ne signifie pas que Montaigne pense et écrive en athée, mais à coup sûr l'athéisme à venir en tirera les conséquences à son profit.

repérage et à la description des formes. Les choses perdent alors leur sens utilitaire et retrouvent une sorte de gratuité charmante[1] . La «curiosité» qu'il condamne rageusement dans *l'Apologie*, conformément à une des plus vieilles traditions morales, est réhabilitée, quand elle n'est plus la version moderne du «cuyder», c'est-à-dire de la raison orgueilleuse, quand elle est l'attention du simple regard qui joue à démasquer, à décaper les choses pour les rendre à leur premier état[2]:

> Je ne voy jamais autheur [...] que je ne recherche curieusement quel il a esté (II-31 p. 716 a)

> Ay-je perdu mon temps de m'estre rendu compte de moy si continuellement, si curieusement? (II-18 p.665 c)

L'école du regard est celle de la beauté, qui s'était oubliée dans le conformisme.

CURIOSITÉ ET «BONNE FOY»

Montaigne pratique donc activement «l'honneste curiosité de s'enquerir de toutes choses» (I-26 p. 156 a), c'est-à-dire la «bonne foy» appliquée à la connaissance. Mais que peut-elle au juste, hormis le jeu et l'amusement? Et l'on peut se demander s'il n'a pas effectivement «perdu son temps» à observer lui-même et le monde. De quel savoir est en effet susceptible l'expérience si fragmentée.

«L'honneste curiosité» est un «enquérir» qui abandonnant les causes, se contente de simplement repérer et classer les formes-fragments. L'humilité est sa première vertu.

---

[1] Etymologiquement, l'esthétique c'est la perception (*aisthésis*) pure, dégagée de toute préoccupation rationnelle. Je me suis déjà expliqué sur cette découverte de l'esthétique au XVIe siècle, dans *Le royaume d'exil*.

[2] Cf. Yves Delègue, «La curiosité ou l'interdit du regard», in *Cliniques méditerranéennes, psychanalyse et psychopathologie freudiennes*, Aix-en-Provence, 1996, 51-52 p. 51-62.

Montaigne souhaite qu'un savant de la valeur de Juste Lipse ou Turnèbe

> eust la volonté et la santé, et assez de repos pour ramasser en un registre, selon leurs divisions et leurs classes, sincerement et curieusement, autant que nous y pouvons voir, les opinions de l'ancienne philosophie sur le subject de nostre estre. (II-12 p. 578 b)

Avant de recomposer si possible le monde atomisé, la première des tâches, harassante, ingrate, est de dresser l'inventaire de ce qu'il en reste. Erasme avait donné avec ses *Adages* un exemple aussitôt célèbre de ce que pouvait pareille méthode; la tâche avait été poursuivie par les compilateurs, compositeurs de «leçons», glaneurs de lieux communs, toutes gens dont Montaigne appréciait l'honnêteté, ces faiseurs de

> centons qui se publient pour centons; et j'en ay veu de tres-ingenieux en mon temps, entre autres un, sous le nom de Calilupus, outre les anciens. Ce sont des esprits qui se font voir et par ailleurs et par là. (I-26 p. 148 c)

Jusque dans ses chapitres les plus complexes, Montaigne n'oublie jamais de se faire d'abord compilateur: la «bonne foy» se prouve d'abord à cette façon de dresser l'inventaire des formes mondaines. Catalogue des coutumes (I-23), des noms (I-46), des destriers (I-48) etc.: la surprise vient parfois de la rencontre, l'insolite en tout cas, proche de la bouffonnerie ou de l'admiration. Il s'en amuse à la façon de Rabelais, lorsqu'il accumulait les termes du lexique pour tenter vainement de prendre aux mots l'infinie diversité des choses. *L'Apologie*, à sa façon quelque peu laborieuse, établit le registre de toutes les opinions qui déclenche «le tintamarre de tant de cervelles philosophiques» (p. 516 c). La bigarrure des chapitres, notamment ceux du Livre I, leur succession apparemment anarchique[1], sont à l'image d'une expérience que Montaigne tente de redistribuer par catégories aussi discontinues qu'elle.

Mais à la différence des compilateurs à la mode, il n'accepte pas cette diffraction sans essayer sur elle son jugement. Il arrive en effet que les choses les moins remarquées offrent des leçons remarquables, à qui sait les bien regarder et s'oblige à prendre leur parti, comme dira Ponge, à les pénétrer comme par effraction:

> (a) Je prends de la fortune le premier argument. Ils me sont egalement bons. Et ne desseigne jamais de les produire entiers. (c) Car je ne voy le tout de rien. Ne font pas, ceux qui promettent de nous le faire veoir. De cent membres et visages qu'a chaque chose, j'en prens un tantost à lecher seulement, tantost à effleurer; et par fois à pincer jusqu'à l'os. J'y donne une poincte, non pas le plus largement, mais le plus profondement que je sçay [...] Tout mouvement nous decouvre. (I-50 p. 303)

Les orgueilleux savants à l'ancienne nous «promettent» la clef qui ouvre le palais de la totalité. Lui, Montaigne, se contente de le «découvrir» pierre à pierre. Si elle vient des choses mêmes, une connaissance est possible, qui, taillée dans l'étoffe du général, donne accès à une science limitée, mais sûre. Une sorte d'universel concret est inscrit dans le plus infime, le plus intime aussi des faits divers qui composent l'expérience. «Tout mouvement nous découvre»: la découverte est promise à qui, inspiré par la «bonne foy», s'avanture dans l'empirisme de l'évidence et s'y soumet[2] .

---

[1] Je dis «apparemment», parce qu'il est tout à fait possible de déceler dans les 57 chapitres de ce premier livre une ligne de progression vers la définition du bonheur à conquérir, sans qu'il soit nécessaire de suivre la disposition «maniériste», que Michel Butor a cru y discerner.

[2] C'est une même humilité qui opposait déjà le petit Du Bellay au fier Ronsard. Cf. Yves Delègue, «Littérature majeure, littérature mineure au XVIe siècle», in *Littérature majeure, littérature mineure*, Strasbourg, 1996.

Pour définir sa méthode, Montaigne, une fois et sur le tard, a inventé un néologisme, dont j'ai déjà mesuré ailleurs l'importance: «Si je ne comme bien, qu'un autre comme comme pour moy» (I-21 p. 105 c). «Commer», c'est mettre des «comme» entre les fragments de l'expérience, d'abord pour les ranger, les classer dans le magasin curieux des analogies externes, thématiques, à la manière des compilateurs; mais aussi pour essayer de voir si, comme par statigraphie, les faits ainsi empilés ne livrent pas le secret des règles qui les font être. Pourquoi la chaîne des êtres ne se déplierait-elle pas à partir du moindre «argument»?

> Tout argument m'est egallement fertile. Je les prens sur une mouche [...]. Que je commence par celle qu'il me plaira, car les matieres se tiennent toutes enchesnées les unes aux autres. (III-5 p. 876 b)

L'espoir s'esquisse d'un savoir, dont les choses elles-mêmes auraient l'initiative, et qui de fragment en fragment enchaînerait les certitudes concrètes. «Commer», c'est déceler les liaisons masquées, qui, au ras de l'expérience, permettront peut-être d'en comprendre et d'en recomposer l'agencement. Car l'expérience est maîtresse d'école. Même dans *l'Apologie*, ce bréviaire du doute radical, Montaigne avoue malgré lui sa confiance en elle: «ce que l'expérience m'a appris» (p. 428 a), «l'experience nous fait bien souvent voir» (p. 472 a)· Des formules analogues jalonnent tout le livre: l'expérience fait voir, prouve, fait savoir[1] . Le scepticisme est une sorte de

---

[1] Cf. p. 480, 491 etc. On vérifiera aisément dans l'article «expérience» de *La concordance de Montaigne* la fréquence de ces formules, qui jusque dans l'*Apologie* démentent la supposée «crise sceptique» dont ce chapitre démesurément long serait la trace. Montaigne y a poussé le doute à son extrême limite pour se mettre une bonne fois pour toutes en garde contre la folie des opinions: loin de le désavouer, il n'a jamais cessé de l'allonger et de le rendre encore plus «sceptique». Cette défiance à l'égard des opinions se retrouve partout dans les *Essais*, dont Montaigne n'a jamais désavoué un seul chapitre, leur ajoutant jusqu'à la fin toutes sortes «d'allongeails», comme il disait.

morale provisoire, dont l'esprit critique a besoin pour faire table rase des opinions et des faux savoirs.

Descartes s'en souviendra et en profitera pour renouveler la connaissance. Mais Montaigne n'en est pas encore là, car pour lui la «relation» entre les choses est constamment remise en cause par l'infinie nouveauté des exemples:

> Toutes choses se tiennent par quelque similitude, tout exemple cloche, et la relation qui se tire de l'expérience est tousjours defaillante: on joinct toutesfois les comparaisons par quelque coin. (III-13 p. 1070 b)

Ces «jointures» qu'établissent le «comme» des «comparaisons», ne sont pas totalement arbitraires, mais la vérité ne les impose pas non plus. C'est ce que prouve en particulier la pratique des lois, dont l'application aux cas de l'existence se fait toujours «par quelque interpretation destournée, contrainte et niaise» (ibid.). Ces conduites «biaises», de mauvaise foi, nous sont imposées par la nécessité de vivre, dès lors que la conduite vraie est en défaut. Il en va de l'être comme des textes: l'«interprétation» est une nécessité qui nous met toujours en porte-à-faux avec eux.

A quoi sert donc de «commer»? Il faut se reporter à l'ensemble du passage où Montaigne invente ce terme, pour en mesurer l'exacte portée:

> (a) Les histoires que j'emprunte, je les renvoye sur la conscience de ceux de qui je les prens. (b) Les discours sont à moy, et se tienent par la preuve de la raison, non de l'experience: chacun y peut joindre ses exemples [...] (c) Si je ne comme bien, qu'un autre comme pour moy. Aussi en l'estude que je traitte de noz mœurs et mouvemens, les tesmoignages fabuleux, pourveu qu'ils soient possibles, y servent comme les vrais. Advenu ou non advenu, à Paris ou à Rome, à Jean ou à Pierre, c'est tousjours un tour de l'humaine capacité, duquel je suis utilement advisé par ce recit. Je le voy et en fay egalement mon profit en umbre

> qu'en corps. Et aux diverses leçons qu'ont souvent les histoires, je prens à me servir de celle qui est la plus rare et memorable. Il y a des autheurs, desquels la fin c'est dire les evenemens. La mienne, si j'y sçavoye advenir, seroit dire sur ce qui peut advenir. (I-21 p. 105)

Le «commer» n'appartient pas à l'expérience: il est «la preuve de la raison», c'est-à-dire qu'il appartient à l'ordre du discours. Décidément, il est impossible à l'homme de débarrasser le réel de ses fictions sans se débarrasser de lui-même, à savoir de cette raison qui est son être. Mais on peut essayer d'en faire un autre usage. Il ne s'agit plus de bâtir un nouveau système, qui serait tout aussi «fabuleux» que les «histoires» sur lesquelles il s'appuierait. Fabuleuses, les histoires le sont toutes, du moment que, portées par le discours, le critère de la vérité fait défaut pour départager les vraies des fausses. Dès lors la question du plus ou du moins de vérité à leur accorder n'importe plus. La «raison» d'un nouveau genre est chargée de deux fonctions distinctes et liées.

La première consiste à explorer, sonder le champ du fabuleux, de façon à en extraire la folie, à l'exhiber comme étant sa vérité, ainsi qu'Erasme l'avait déjà fait. Question de conscience: il faut faire le tour des «tours de l'humaine capacité», aller au plus loin de ce dont elle est capable. On perçoit de l'étonnement, de l'admiration presque, en Montaigne devant ces débordements dont l'imagination des hommes n'est pas près de tarir la source. Ainsi la raison peut-elle espérer se prémunir contre sa propre déraison, s'assurer d'elle-même, du fait qu'elle en parcourt les limites, et que, se retournant sur soi, elle s'oblige à se dévisager. La raison arrête de raisonner, elle regarde.

Alors, sûre d'elle-même, la raison osera dépasser le simple constat de sa folie, et s'aventurer dans le «possible» pour «dire ce qui peut advenir». Quoi, au juste, sinon la vérité du mensonge dont se nourrit la folie? La raison s'assigne de pénétrer dans le labyrinthe de cette mauvaise foi où elle respire, de démonter les agencements, les articulations de sa logique. Pour y parvenir, il faut des «discours» qu'étaie la «preuve de la raison» et dont Montaigne revendique l'invention: «Les discours sont à moy». Que signifient ce bref éclat d'orgueil, et la déclaration ambitieuse qui le pousse à se démarquer des «autheurs» ordinaires, «desquels la fin c'est dire les evenemens»? Il est encore trop tôt pour le savoir au juste, mais à coup sûr la réponse que nous attendons nous conduira au cœur des *Essais*, et nous aurons à revenir sur ce passage décisif, que Montaigne produit au hasard de sa réflexion en cette fin de chapitre, comme emporté par l'initiative de son discours inspiré au fil des additions. Rompant par l'exemple même avec le discours ordinaire, il en hasarde un autre qui se risque vers les bords de ce que, par différence avec l'usuel, il faudra bien appeler la poésie, seule capable de prendre pied enfin sur les terres de la «bonne foy».

CHAPITRE V

L'univers aliéné: Les forces du monde

Les formes qui composent l'expérience sont privées de pesanteur et d'épaisseur, mais elles sont soumises à des forces incontrôlables qui les meuvent de l'extérieur, les traversent, conduisant les événements à leur guise, nous trompant sans vergogne. Ces forces composent bien un nœud de causes secrètes; mais les effets qui retombent sur nous sont si incohérents, que nous pouvons nous interroger sur leur nature. Sont-elles bonnes? Sont-elles méchantes? Les *Essais* oscillent sans cesse entre des affirmations contraires, et laissent percer une inquiétude qui n'avait jamais encore été nulle part exprimée.

FORTUNE

La plus immédiatement sensible de ces forces est Fortune, puissance capricieuse, qui produit la diversité des accidents et dissémine l'incohérence des formes. Parmi les divinités du paganisme, elle était seule à faire un retour qui fût autre choses qu'une allégorie poétique, un beau déguisement de la réalité. Les compilateurs en nourrissaient nombre de leurs articles, et si Montaigne à son tour reprend ce lieu commun, on peut penser que ce n'était pas pour ajouter à la redite.

Les apologistes catholiques et protestants étaient justement inquiets de la place que tenait Fortune dans les écrits contemporains, car elle concurrençait la Providence divine, allant peut-être jusqu'à nier Dieu. L'origine et l'ordre du monde imaginés par Démocrite, Epicure et Lucrèce surtout en faisaient l'économie: le hasard suffisait pour agencer harmonieusement les atomes. Certains acceptaient le terme, à condition qu'on en fît le doublet de la Providence: «Ce n'est que Dieu desguisé sous un autre nom», écrivait Duplessis-Mornay, dans son traité *De la religion chrestienne*[1], contre ceux qui, comme Montaigne peut-être, sans nier Dieu, semblaient l'oublier dans la conduite des choses[2]. En de longues pages, Henri Estienne dénonçait plus fermement encore cette «maniere de parler», où «on use du mot Fortune au lieu de nommer Dieu»[3].

Le débat était vif, et Montaigne ne pouvait l'ignorer. Lors de son séjour à Rome (novembre 1580-avril 1581), les «Docteurs Moines» de l'Inquisition, auxquels il avait soumis son livre, lui reprochèrent entre autres rares griefs, par la voix du «Maestro del sacro palasso», «d'avoir usé du mot de fortune». A quoi il répondit: «C'etoit mon opinion, et c'etoit choses que j'avois mises, n'estimant que ce fussent erreurs»[4] . Fièrement retranché derrières sa liberté d'expression, assuré de ses doutes, Montaigne faisait le dos rond, tout en bravant l'autorité. Il est vrai que cette dernière ne mit guère

---

1 Edition de Genève, 1590 p. 371. Duplessis était un apologiste protestant.

2 Duplessis s'expliquait (p. 293): «Si nier une Divinité, est dementir ses sens, sa nature & tout le Monde, de mesmes, je ne say si confesser la Divinité, & luy denier la conduite des choses, ne seroit encore plus intolerable, veu que c'est l'injurier en la confessant».

3 *Deux dialogues du nouveau langage françois italianizé* (1578), ed Lemerre, 1885, vol 2 p. 137-145. Le mythologue Natalis Conti concluait l'article «Fortune» de sa *Mythographia* en écrivant (je traduis): «Le nom de Fortune a été imaginé par les anciens pour détourner de Dieu les plaintes humaines et les diriger vers un mot vide et vers une puissance inexistante» (Paris, Du Bray, 1605). Dans son *Premier Curieux*, Pontus de Tyard s'en prenait «à ceux qui, en s'acheminant aux raisons naturelles, s'esgarent du chemin de la vraye cognoissance de Dieu, et tombent en l'opinion de l'absolue puissance du destin, ou de fortune» (ed. Lapp, p. 35). On pourrait multiplier les opinions de ce genre.

4 *Journal de voyage*,, ed . Dédeyan, Les Belles Lettres, 1946, p. 232-233.

d'acharnement à le soumettre à elle[1] . A son retour, sans rien modifier de son texte, il se contenta, au chapitre «Des prières», de faire acte d'allégeance:

> Je propose des fantaisies informes et irresolues, comme ceux qui proposent des questions doubteuses, à debattre aux escoles: non pour establir la verité, mais pour la chercher. Et les soumets au jugement de ceux à qui il touche de regler, non seulement mes actions et mes escrits, mais encore mes pensées [...]. Et pourtant, me remettant tousjours à l'authorité de leur censure, qui peut tout sur moy, je me mesle ainsi temerairement à toutes sorte de propos, comme icy. (I-56 p. 317, addition de 1582, au retour de son voyage romain)

Ce système de défense mêlait beaucoup de mauvaise foi à la sincérité: car que «cherchait»-il en, la matière qui ne fût déjà trouvé par ceux auxquels il déclarait se soumettre? La question de Fortune était-elle «doubteuse»? Quel cas faisait-il de «l'authorité de la censure», qui «pouvait tout» sur lui? Plus tard, et plus loin dans le même chapitre, il s'expliquera avec désinvolture sur l'usage du terme «fortune»:

> Le dire humain a ses formes plus basses et ne se doibt servir de la dignité, majesté, regence du parler divin. Je luy laisse, pour moy, dire, *verbis indisciplinatis*, fortune, destinée, accident, et les Dieux et autres frases, selon la mode (p. 323 b)

Le recours à «la mode» pour pallier l'incertitude du «dire humain», en matière si sérieuse, ne révélait pas une âme très

[1] «Le dict Maestro, qui est un habil'homme, m'excusoit fort, et me vouloit faire sentir qu'il n'estoit pas fort de l'avis de cete reformation, et pledoit fort ingenieusement pour moi en ma presence, contre un autre qui me comboit [attaquait], Italien aussi» (ibid.). L'Inquisition était donc elle-même partagée sur la question: elle avait ses tièdes (ses «habil'hommes») et ses fanatiques. Les *Essais* ne furent mis à l'Index qu'en 1676, un siècle plus tard.

scrupuleuse. La stricte séparation des discours théologiques et «humaniste», pour laquelle il plaidait dans ce même passage, aurait pu lui poser quelque problème.

Il aurait eu raison de jouer ainsi les innocents, si son propos touchait seulement la fortune dont parlaient les moralistes, lesquels désignaient ainsi la rencontre fortuite d'événements imprévisibles, la somme des hasard qui défient la «prudence» humaine et provoque en retour la «vertu»: «*Virtuti fortuna comes*», disait par exemple l'un des emblèmes d'Alciat, à quoi font écho dans les *Essais* telles fières formules:

> Rien de noble se se faict sans hazard (I-24 p. 129 b)

> Qui ne participe au hazard et difficulté, ne peut pretendre à l'honneur et plaisir qui suit les actions hazardeuses (III-7 p. 919 b).

Mais la Fortune qui intéresse vraiment Montaigne est la puissance occulte qui régit les hasards eux-mêmes et l'ordre général du monde: l'incohérence partout perceptible n'est-elle pas la preuve que Dieu s'est en quelque sorte retiré des affaires mondaines?

Quans il risque un regard vers le cosmos, la pluralité, l'éclatement des mondes lui semble l'hypothèse la plus plausible, celles que Démocrite ou Epicure, ces penseurs athées, avaient avancée:

> Or, s'il y a plusieurs mondes, comme Democritus, Epicurus et presque toute la philosophie a pensé, que sçavons-nous si les principes et les regles de cettuy-cy touchent pareillement les autres? (II-12 p. 525 a)

Lorsque, analysant les sociétés, il s'interroge sur leur formation, il n'y perçoit l'œuvre d'aucune nécessité qu'aveugle. Aristote avait dit que «l'homme est un animal politique», et lui-même se sait «en evidence nay à la société et àl'amitié» (III-3 p. 823 b). Pourtant l'expérience, celle des guerres notamment, dément tout optimisme:

> Je vois par mon exemple que la societé des hommes se tient et se coust, à quelque pris que ce soit. En quelque assiete qu'on les couche, ils s'appilent et se rengent en se remuant et s'entassant, comme des corps mal unis qu'on empoche sans ordre trouvent d'eux mesmes la façon de se joindre et s'emplacer les uns parmy les autres, souvant mieux que l'art ne les eust sçeu disposer. (III-9 p. 956 b)

Si «ordre» il y a, souvent meilleur que celui qu'aurait imaginé «l'art» de Platon, d'Aristote ou de quelque providence, il résulte d'une économie interne, d'une nécessité empirique, en vertu de laquelle les éléments «empochés», «appilés» dans ces énormes sacs que sont les sociétés, sont contraints de s'attirer ou de se repousser pour survivre. Ils ne sont même pas doués de ces crochets qui permettaient à certains des atomes d'Epicure de s'aimer. Fortune est une non-Providence absolue qui échappe à la rationalité. Machiavel, «le prince des athéistes», le «lucrétiste», comme on disait de lui à l'époque pour le rejeter, avait là-dessus bâti son système: «Le hasard a donné naissance à toutes les espèces de gouvernement parmi les hommes», écrivait-il au premier Livre de son *Discours sur la première décade de Tite Live* (chap. 2), et la *virtù* du Prince se mesurait à la façon, quelle qu'elle fût, dont il luttait contre les forces de dissolution à l'œuvre dans les sociétés. Une lutte sans espoir, mais généreuse. Cette vision d'un monde méchant, livré à lui-même, voué à la ruine, a exercé sur Montaigne une profonde attirance[1]; son conservatisme social

[1] «Les discours de Machiavel, pour exemple, estoient assez solides pour le subject, si y a-il eu grand aisance à les combattre; et ceux qui l'ont faict, n'ont pas laissé moins de facilité à combattre les leurs», écrit Montaigne au chapitre «De la præsumption» (II-17 p. 655 a). Le scepticisme est une facilité pour écarter le danger de ce qui séduit, et Montaigne ne se rend pas compte que cette attitude de rejet généralisé

s'explique par la crainte du délabrement, en un temps où les guerres civiles secouaient violemment tout l'édifice. Les ensembles constitués ne tiennent que par la force de leur cohérence interne, ils flottent dans le vide, ne reposent sur rien, ne vont nulle part; toute vaine et hasardeuse qu'elle est, la coutume est le seul lien qui les font durer et qu'il ne faut changer sous aucun prétexte[1]:

> Non par opinion mais en verité, l'excellence et meilleure police est à chaque nation celle soubs laquelle elle s'est maintenuë. Sa forme et commodité essentielle despend de l'usage [...]. Rien ne presse un estat que l'innovation: le changement donne seule forme à l'injustice et à la tyrannie. (III-9 p. 957-8)

Fortune est une puissance moqueuse, ironique; elle singe à l'occasion «le train de la raison», et même «surpasse en reglement les regles de l'humaine prudence» (I-34 p. 222 c), comme pour mieux nous amuser, nous abuser. Et s'il est vrai que «la conservation des estats est chose qui vraysemblablement surpasse nostre intelligence» (III-9 p. 959 b), on peut toutefois affirmer que «les dieux s'esbatent de nous à la pelote, et nous agitent à toutes mains» (ibid. p. 960 b), ces dieux dont la multiplicité figure l'éclatement des hasards de Fortune.

NATURE CONTRE FORTUNE

Pourtant, à d'autres moments, Montaigne fait entendre un tout autre son de cloche, à croire que deux puissances antagonistes, manichéennes se disputent le pilotage de

---

justifie l'empirisme décidé de Machiavel: «la diversité des evenemens humains nous presentant infinis exemples à toute sorte de forme» (ibid.), seul l'arbitraire du Prince est légitime, du seul fait qu'il s'impose et impose la durée.

[1] C'est la démonstation du chapitre I-24. «De la coustume et de ne changer aisément une loi receuë».

l'univers. Aux caprices de Fortune répond alors la volonté d'une Nature attentive à ses productions et à l'ordre de son «universelle police»:

> Il se trouve une merveilleuse relation et correspondance en cette universelle police des ouvragres de nature, qui monstre bien qu'elle n'est ny fortuite ny conduite par divers maistres. Les maladies et conditions de nos corps se voyent aux estats et polices; les royaumes et republiques naissent, fleurissent et fanissent de vieillesse comme nous (II-23 p. 682 a)

Nous voici rassurés: la diversité, l'inconstance sont l'apparence des choses, si l'on oublie que la nature est un grand vivant dont les règles valent pour tous les éléments de l'univers. Le «corps social» n'est pas une métaphore, son ordre n'est pas «fortuit», ses altérations le mettent en «relation», en «correspondance» avec le reste du monde que les lois de la vie rendent compréhensibles. A ces lois, les humains sont eux aussi soumis, et il faut s'opposer à ceux qui, imbus de la seule raison, concèdent aux animaux

> le tres-grand avantage sur nous, de faire que nature, par une douceur maternelle, les accompaigne et guide par la main, à toutes les actions et commoditez de la vie; et qu'à nous elle nous abandonne au hazard et à la fortune et à quester, par art, les choses necessaires à nostre conservation. (II-12 p. 455 a)

Par bonheur, il n'en est rien. Nature, «nostre mere»[1], a su nous protéger de Fortune. «L'art», qui est le mensonge de l'artifice, serait le remède nécessaire si cette dernière commandait en nous.

En réalité, il semble qu'entre ces deux forces une sorte d'accord ait été conclu, chacune se réservant une part de

---

[1] L'expression revient quatre fois dans les *Essais* (I-26 p. 27 p. 157 a; I-27 p. 179 a; I- 31 p. 206 a; II-12 p. 457 a). Dans la seconde de ces occurrence, Nature est assimilée à Dieu, dont nous ne saurions cependant nous «donner l'avantage d'avoir dans la teste les bornes et les limites».

l'empire, et la paix attend ceux qui se commettent sans réfléchir à l'une comme à l'autre:

> Qu'on ne crie donq plus apres ceux qui, en ce trouble, se laissent doucement conduire à leur appetit et au conseil de nature, et se remettent à la fortune commune. (II-37 p. 776 a)

> [Les enfants] laissez les former à la fortune soubs les loix populaires et naturelles, laissez à la coustume de les dresser à la frugalité et à l'austérité. (III-13 p. 1100 b)

Le partage des responsabilités n'est certes pas très clair, mais l'on peut penser que Fortune préside aux accidents particuliers de surface, dont les causes nous échappent, tandis que Nature, par dessous, règle l'ensemble. L'universalité est sa qualité première[1] que trouble «nostre esprit, dangereux outil en desreglement», et principal complice des fausses victoires de Fortune. Tout lecteur des *Essais* a en mémoire les passages fameux où Montaigne, vers la fin du chapite «De l'expérience», se fait le chantre d'une Nature source de toute pefection, de tout bonheur:

> Nature a maternellement observé cela, que les actions qu'elle nous a enjoinctes pour nostre besoing nous fussent aussi voluptueuses [...]: c'est injustice de corrompre ses regles. (p. 1107-8 b)

> Nature est un doux guide, mais non pas plus doux que prudent et juste [...] Je queste partout sa piste (p. 1113 b)

Ce qui ne veut pas dire qu'il l'ait jamais trouvée.

EST-ELLE BONNE? EST-ELLE MÉCHANTE?

Car ces passages sont à vrai dire trop fameux. Si on les a retenus, à l'exclusion de tant d'autres qui les contredisent,

---

[1] J'ai relevé 13 occurrences où Nature forme couple avec l'universel.

c'est que les générations ont préféré garder, croyant s'y reconnaître, l'image d'un Montaigne «naturaliste, c'est-à-dire épicurien, sans remords ni épaisseur. «L'Otahiti de notre âme», disait de lui Sainte-Beuve. Mais pour conclure les *Essais*, le chapire «De l'expérience» ne contient pas le tout de sa supposée «sagesse» ni le dernier mot de son «progrès». L'hymne à la nature qui clôt le livre est un défi lancé à la tête des prudes, des moralistes bornés, qui ressassent l'interdit des plaisirs et de la vie. Les dernières phrases du chapitre se font même grossières dans le dessein évident de provoquer et de choquer la tartuferie angélique:

> (b) Esope, ce grand homme, vit son maistre qui pissoit en se promenant: Quoy donq, fit-il, nous faudra-il chier en courant? [...] (c) Si avons-nous beau monter sur des eschasses, car sus des eschasses encore faut-il marcher sur nos jambes. Et au plus eslevé throne du monde si ne sommes assis que sus nostre cul. (p. 1115)

Fin du livre, le nez dans l'ordure. Le plaisir est «naturel» parce qu'il fait partie de la vie, comme nos besoins élémentaires, comme aussi la souffrance et la mort. L'art de vivre consiste à «suivre» ce qui est agréable, à «fuir» ce qui est douloureux. Car tout dans la nature n'est pas bon.

Toutefois, plus que les maux du corps, ceux de «l'âme» jettent sur elle le soupçon. Il faut en effet distinguer entre les «vices de nostre malice», ou «vices de l'apparence», dont nous sommes responsables, et ces autres «vices de l'essence», «vices naturels, consubstantiels et intestins» (III-2 p. 811 b), ou encore «vices de nostre foiblesse», dont nous sommes cette fois les victimes, au point que, loin de devoir nous en repentir, nous sommes plutôt en droit

> [d']appeler à garant cette mesme nature, pour nous avoir laissé en telle imperfection et deffaillance. (I-6 p. 70 a)

Si, par exemple, lui-même hait «entre autres vices, cruellement la cruauté, et par nature et par jugement» (II-11 p. 429 a), il ne peut s'empêcher de constater que chez beaucoup elle est une tare naturelle. L'horreur de guerres suffit à le prouver:

> Nature a, ce creins-je, elle mesme attaché à l'homme quelque instinct à l'inhumanité. (id. p. 433 b)

Plus grave que la souffrance dont elle est la cause, la cruauté naturelle retourne l'homme contre lui-même, elle fait de lui un vivant attaché à se nuire, à se perdre: c'est le premier indice que nous trouvons d'un scandaleux instinct d'auto-destruction inscrit dans la nature, dont nous aurons bientôt à mesurer l'ampleur. Il tient au fait que «nostre estre est simenté de qualitez maladives» qui «logent en nous d'une si naturelle possession que l'image s'en reconnoist aussi aux bestes» (III-1 p. 790 a).

Le mal est dans le bien, le ver est dans l'origine, si bien (si mal) que la vraie vertu se conquiert contre Nature, fût-elle bonne:

> Cette aisée, douce et panchante voie, par où se conduisent les pas reglez d'une bonne inclination de nature, n'est pas celle de la vraye vertu (II-11 p. 423 a)

Les «simples gens» semblent des modèls du bonheur et de la morale naturels, pourtant

> la faute d'apprehension et la bestise contrefont ainsi parfois les effets vertueux (id. p. 426 c).

On ne peut simplement se commettre à nature, contrairement au vieux précepte, que Montaigne défend cependant et selon lequel

> nous ne sçaurions failler à suivre nature, [...] le souverain precepte c'est de se conformer à elle (III-12 p. 1059 b).

Mais il a tort de généraliser: le précepte vaut peut-être pour lui, que le sort (Fortune lui fut bienveillante, il le reconnaît) a doué d'un naturel équilibré. Le mal, même chez un Socrate («Nature lui fit injustice»), est trop ancrée en chacun avant même toute éducation, dès la plus tendre enfance:

> les vrayes semences et racines de la cruauté, de la tyrannie, de la trahison, elles se germent là, et s'eslevent après gaillardement, et profitent à force entre les mains de la coustume [...]. C'est nature qui parle, de qui la voix est lors plus pure et plus forte qu'elle est plus gresle. (I-23 p. 110 c)

Pureté bien trouble! Même constat auprès de ce «monde enfant» découvert depuis peu: les cannibales, dont certains pensent qu'ils sont les modèles de la nature surprise en son origine, justifient les doutes de Montaigne. Les deux chapitres (I-31, III-6) qu'il leur consacre sont tendus, non par l'éloge de la vie primitive, mais par leur dessein polémique: il s'agit de montrer que les vrais sauvages ne sont pas forcément ceux qu'on pense. A lieux différents, mœurs différentes, mais non meilleures: telle est la leçon du «commerce des hommes». Qui sait y regarder, voit en ces terres nouvelles tous nos vices et «divers exemples d'horrible cruauté» (I-30 p. 201 b). Là aussi on fait la guerre; sans doute est-elle, comme chez les Anciens, «toute noble et genereuse», mais elle n'en est pas moins une «maladie humaine» (I-31 p. 210 a); le cannibalisme est une «horreur barbaresque» (ibid.); et quand Montaigne dénonce la «honteuse cruauté» qui donna aux Espagnols leurs «mechaniques victoires», ce n'est pas sans relever au passage «l'espouvantable magnificence des villes de Mexico et de Cusco», corrompues par «l'art» comme la Rome impériale (III-6 p. 909 b). Certes ces peuplades nous donnent constamment des leçons d'honneur, de simplicité, mais s'ils sont la nature, ils en représentent d'autant mieux la perversion originelle:

> En verité, considerant ce qui est venu à nostre science du cours de cette police terrestre, je me suis souvent esmerveillé de voir, en une tres grande distance de lieux et de temps, les rencontres d'un grand nombre d'opinions populaires monstrueuses et de mœurs et des creances sauvages, et qui, par aucun biais, ne semblent tenir à nostre naturel discours. (II-12 p. 573 c)

Ce «naturel discours» est peut-être ce qui reste en nous d'une raison non dénaturée – par quel miracle? –; mais on verra bientôt qu'il a perdu en nous sa vertu.

LES LOIS: NATURE OU COUTUME?

En effet tous les indices sont brouillés. Si Nature est uniformité, permanence, pourquoi ne la reconnaît-on pas dans les formes humaines que les lois ou les règles structurent? Mais la coutume opère de même. Par exemple, les «effets de constance et de patience [que] nature tire tous les jours» des «pauvres gens»(III-12 p. 1040 b), sont ailleurs des «effets de l'accoustumance» (I-39 p. 243 a). Nous savons que celle-ci est magicienne, au point qu'elle

> nous peut duire non seulement à telle forme qu'il luy plaist, mais au changement et à la variation. (III-13 p. 1082 b)

Elle imite donc nature, prend son visage et la supplante ou la supplée, si bien qu'ayant «soigneusement bridé toutes nos avenuës», elle nous interdit de

> distinguer les loix naturelles des controuvées, de recourir à la generalle police du monde où il n'y peut avoir rien de contrefaict (I-36 p. 225 a)

La coutume est un si grand maître en contrefaçon, qu'elle rend inopérants les critères de la vérité. Pourtant Montaigne ne met généralement pas en doute l'existence des «loix universelles et indubitables» de Nature (III-5 p. 879 c), comme il s'en voit dans tous les ordres de l'univers. «Je queste partout sa piste», dit-il, mais «nous l'avons confonduë de traces artificielles» (III-13 p. 1113 c), au point qu'elle semble définitivement perdue:

> Il est croyable qu'il y a des loix naturelles, comme il se voit ès autres creatures; mais en nous elles sont perdues, cette belle raison humaine s'ingerant par tout de maistriser et commander, brouillant et confondant le visage des choses selon sa vanité et inconstance . (II-12 p. 580 b)[1]

La variété des coutumes donne une autorité de fait à cette «raison» dénaturée qui s'applique à les justifier, même pour qui les «sonde» jusqu'à leur origine. Bien malin qui prétendrait «traiter et faire valoir selon nature» les plus belles vertus, la pudicité» par exemple, qui ne repose en réalité que sur

> l'usage, les loix et les preceptes. Les premieres et universelles raisons sont de difficile perscrutation. (I-23 p. 117 a)

A ce point tout se brouille encore plus, et comme il faut bien essayer de comprendre le jeu des forces à l'œuvre, Montaigne est tenté de faire de Coutume le remède efficace inventé par Nature pour alléger les souffrances qu'elle nous inflige:

> A une miserable condition comme est la nostre, ç'a esté un tresfavorable present de nature que l'accoustumance, qui endort nostre sentiment à la souffrance de plusieurs maux. (III-9 p. 970 b)[2]

---

[1] Même conclusion désabusée dans III-12 p. 1049-50 b.

[2] Dans le passage rappelé plus haut (I-39 p. 243 a), les «effets de l'accoustumance» sont mis sur le compte des «limites» jusqu'où «va la

Nous savions que «la coustume hebete nos sens», mais ce que nous prenions alors pour une faute est sans doute un avantage. Coutume est la ruse par laquelle nature rend insensible sa cruauté, et les psychologues ont depuis longtemps décrit la fonction régulatrice et structurante des habitudes. Mais alors rien ne distingue vraiment Coutume et Nature, et si la première occulte la seconde de ses «traces artificielles», il faut sans doute voir là l'effet d'une sagesse supérieure:

> (b) Si ce que nature exactement et originellement nous demande pour la conservation de nostre estre est trop peu [...], dispensons nous de quelque chose de plus outre: appelons encore nature l'usage et condition de chascun de nous [...]. L'accoustumance est une seconde nature. (c) Ce qui manque à ma coustume, je tiens qu'il me manque. (III-10 p. 1009-10)

Nature est devenue si peu («trop peu»!) de choses, qu'elle est sur le point de disparaître sous ce qui la couvre. Cette leçon, que Pascal amplifiera, laisse entendre que sous les strates accumulées par la coutume, il n'y a peut-être jamais rien eu d'originel, de premier. Prenant tous les visages que les coutumes lui imposent, la nature perd ce que nous pensions être sa caractéristique essentielle, à savoir la «constance» de son «ordre». Elle est devenue variable, dissonante, dissemblable, elle s'identifie à «l'expérience», dont nous avions cru qu'elle était la forme du tout éclaté pour nos yeux trop humains[1]:

> Si nature enserre dans les termes de son progrez ordinaire comme toute autre chose aussi les creances, les jugemens et

nécessité naturelle». Entre coutume et nature se produit un échange de bons offices, chacune rachetant la faiblesse de l'autre.

[1] Nature est à la fois diverse et unique: cette contradiction a traversé tout le XVIe siècle. Montaigne est le seul à en voir été parfaitement conscient.

> opinions des hommes; [...] si le ciel les agite et les roule à sa poste, quelle magistrale authorité et permanente leur allons nous attribuant? (II-12 p. 575 a)

> (b) Il n'est qualité si universelle, en cete image des choses, que la diversité et varieté [...]. (c) Nature s'est obligée à ne rien faire chose qui ne fust dissemblable. (III-13 p. 1065)

Coutume, Nature et Fortune même ne se ditinguent plus, et l'on comprend la licence des termes dont Montaigne se vantait:

> Somme me voicy après à achever cet homme, non à en refaire un autre. Par long usage cette forme m'est passée en substance et fortune en nature. (III-10 p. 1011 b)

«Forme», «substance», «fortune», «nature» composent un étrange ragout, dans lequel il est impossible d'assigner à chaque élément sa fonction et sa saveur. Si Nature est diversité, elle ne peut pas être loi, et si depuis Aristote il n'y a de connaissance que du général, nul ne s'étonnera que rien de plus sûr ne puisse être affirmé d'elle que l'ignorance où elle nous tient à son sujet: «Elle a ses moyens infiniment inconnus» (III-13 p. 1095 b).

NATURE, MYTHE DU DÉSIR

Se peut-il que celui dont les générations de lecteurs ont fait l'apôtre, le chantre de Nature, soit en réalité celui qui en a le plus douté? Un signe pourtant ne trompe pas: il n'est guère de chapitre des *Essais* qui ne parle d'elle, aucun ne lui est consacré, comme si Montaigne avait craint de voir son image s'évanouir s'il osait la regarder comme Orphée son Eurydice. A glaner partout les lambeaux de ses définitions, on n'assemble qu'une disparate; étant tout et partout, Nature n'est plus rien nulle part, sinon le doublet de tout ce qui est, quel qu'il soit: Dieu, l'univers, les sociétés, les hommes tels qu'ils sont etc. «La vie», tout bonnement, avec tout le vague du terme.

Que signifie donc l'obstination de Montaigne à en célébrer le culte? Pourquoi ne cesse-t-il d'y renvoyer comme au premier et ultime recours? Peut-être faut-il convenir qu'à défaut d'être palpable, saisissable, Nature n'est en définitive qu'un mot, un mythe, où se focalise le rêve des qualités dont on constate partout l'absence: liberté, aisance, constance, douceur, facilité, spontanéité, franchise, gaieté, justice etc. Etant tout, elle désigne l'espace idéal dans lequel nous attire la soif de bonheur, mais dont elle accuse aussi la frustration. Nature, un de ces «mots à tout potage», comme la gloire qui console les hommes de leur vanité: s'y dessine en creux l'image d'un fabuleux gibier dont nous sommes condamnés à «quester partout la piste», alors que «la prise» échappe toujours.

Quand le gibier se dérobe, la seule piste dont le chasseur est obligé de se contenter est celle du désir qui suscite la «queste». Nature est le nom donné au Désir généralisé, qui permet aux désirs particuliers, morcelés, de se reconnaître. C'est lui, la loi de «l'universelle police» du monde, partout présente et multiforme, insaisissable. Robert Lenoble a justement écrit que «la Renaissance a senti la Nature avant de la penser»[1]. Le clin d'œil à Rousseau («Je sentis avant de penser») marque précisément la filiation qui a réuni des générations d'écrivains dans la même quête frustrante. Nature fut d'abord «sentie», parce qu'elle était dès le départ la figure absente de toute pensée; celle-ci cherchait à la saisir avec d'autant plus de fièvre qu'elle-même était d'un autre ordre (celui du discours) et ne pouvait donc que la manquer. La défiance de Montaigne à l'égard de la raison n'a pas d'autre origine: Nature suscite par son impulsion et fait éclater les formes nécessaires de l'existence, elle échappe, «fuyante proie», à tout le discursif qui fige les choses dans la mort des mots. Plus largement, Nature suscite «le branle» de l'univers

---

1 *Histoire de l'idée de nature*, Paris, 1969, p. 303.

matériel, corps vivant lui aussi. Montaigne se prend parfois à méditer devant les grandes mutations terrestres, l'Atlantide disparue ou les caprices de sa rivière Dordogne:

> (b) Il semble qu'il y aye des mouvemens (c) naturels les uns, les autres (b) fievreux en ces grands corps comme aux nostres (I-31 p. 204)

Nature est une force désirante qui va: non-être, mais rythme pur, énergie, elle est passage, ne laissant derrière que ses marques divergentes. Quand Montaigne tente de saisir en lui-même son évidence sensible par la peinture de soi, elle lui échappe pareillement, car elle se vit, elle ne se dit, ni se se représente. Elle est, présence active de ce qui nous meut; elle se dérobe à tout essai de la réflexion qui voudrait en capturer, en fixer l'image. Sauf peut-être pour ceux, les poètes, qui plient à sa force l'exercice des mots et inventent alors le langage de la «bonne foy». C'est par là, nous le verrons, que Montaigne s'efforce lui aussi de la suivre.

ART CONTRE NATURE

Toutefois, au cœur du mythe, une étrange question subsiste, qui interdit qu'on s'y repose à l'aise. Si Nature est la puissance désirante, indicible qui suscite et dissipe les formes de l'apparence, pourquoi s'oblige-t-elle à s'habiller de leurre, à prendre les masques de l'imaginaire et du mensonge? Pourquoi «l'art», fruit de la «raison», double-t-il immanquablement toutes ses créations. Quelle est la place de celui-ci en dehors d'elle?

Le couple antinomique art/nature a reçu dans les *Essais* une sorte de consécration, tant de fois Montaigne en use pour dénoncer l'omniprésence du mensonge. «L'art», c'est, en théorie, le supplément qui s'ajoute à ce «peu» qu'exige Nature conçue comme plénitude heureuse, non pour la compléter, mais pour la farder et pour susciter des besoins, des activités, bref des désirs imaginaires. Lorsque Montaigne décrit par exemple la «nayfveté si pure et simple» de la société cannibalesque, il s'étonne de la voir cimentée «avec si peu d'artifice et de soudeure humaine»:

> C'est une nation [...] en laquelle il n'y a aucune espece de trafique; nulle cognoissance de lettres; nulle science de nombres; nul nom de magistrat, ny de superiorité politique; nul usage de service, de richesse ou de pauvreté; nuls contrats; nulles successions; nuls partages; nulles occupations; nul respect de parenté que commun; nuls vestements; nulle agriculture; nul metal; nul usage de vin ou de bled. (I-31 p. 206 a)

Nature n'est rien de visible, mais, support ténu, translucide, elle a néanmoins permis à toutes les formes de l'industrie humaine qui font nos civilisations de se greffer sur elle comme autant de parasites et d'y faire figure de «superflu». A preuve, les animaux:

> Ils sont encore en cet heureux point de ne desirer qu'autant que leurs necessitez naturelles leur ordonnent: tout ce qui est au delà, est superflu pour eux. (id. p. 210 a)

Les animaux offrent en effet à Montaigne le modèle achevé de la nature telle qu'il l'imagine dans son plus simple appareil. Le long parallèle qui, dans l'*Apologie*, les oppose aux humains, malgré l'égalité naturelle des uns et des autres, nous apprend à quelle source «l'art» s'alimente: c'est «la raison» qui est encore «liberté d'imagination», «desreglement de pensées» (p. 460 a), notre misérable «privilège». cette «raison trouble feste», comme il dit ailleurs, n'est pas une puissance abstraite: elle prend corps dans «cette apparence de discours que chacun porte en soy» (p. 565 a). Le «discours» est cette faculté proprement humaine qui actualise la raison dans le langage afin de maîtriser le réel, c'est le *logos* grec, mais dépossédé de son ancienne superbe: il est devenu la pellicule d'images verbales qui ne s'ajoutent aux choses que pour les farder. Il existe bien un «discours naturel», dont les animaux sont pourvus comme les humains le furent, car «Nature a embrassé universellement toutes ses créatures» (p.456 a). Il se caractérise par une stricte adéquation de la réflexion et du réel pour résoudre les problème concrets que celui-ci pose à la vie quotidienne. En l'homme, cette faculté s'est dénaturée, parce que le discours s'est comme détaché des choses, les a débordées sous prétexte de les penser: il est devenu «l'esprit», ce «grand ouvrier de miracles» (p. 573 c), de «chimeres fantasques» (I-8), ou encore «la raison» tout court[1]. Le drame de cette séparation tient à la «curiosité», cette maladie, qui est la raison enivrée d'orgueil, le «cuyder». Voulant percer les secrets de l'univers, la conscience réflexive a causé le partage qui la met à distance de tout, et elle prétend combler le défaut qu'elle creuse dans l'être par cela même qui le cause, à savoir le langage: celui-ci ne fait qu'ajouter le supplément toujours plus leurrant des «imaginations», des «formes» rêvées ou réelles. Le discours s'enferme ainsi dans une contradiction indépassable: il prétend remédier au mal par cela même qui le crée, arracher la vérité au réel qu'il ne cesse précisément de recouvrir et de masquer. La «bonne foy» est au rouet: le discours s'éloigne d'autant plus de l'origine qu'il cherche à y remonter!

L'ART EST LA NATURE: L'INSTINCT SUICIDAIRE

Signe du mal: la curieuse indécision qui, dans l'*Apologie* encore, traverse la comparaison des hommes et des animaux. la thèse officielle, on l'a vu, est celle de leur égalité naturelle, car il faut rabaisser le «cuyder» humain. Mais cette thèse se renverse et la supériorité animale s'impose à Montaigne, entraîné malgré lui par son propos: la raison est l'arme

[1] Il faudrait peut-ête distinguer tous ces termes, «esprit», «raison», «discours», mais ils s'équivalent à peu de choses près. Il arrive parfois que leur connotation, généralement péjorative, se renverse.

défaillante qu'une nature marâtre nous a donnée pour nous perdre et peut-être se perdre avec nous, comme on va le voir:

> La presomption est nostre maladie naturelle et originelle. La plus calamiteuse et fraile de toutes les creatures, c'est l'homme, et quant et quant la plus orgueilleuse. (p. 452 a)[1]

Si la raison est notre «avantage», il nous est bien cher vendu, car il est «la source principale de la faute originelle» (ibid). A croire que la liberté est un don de Satan!

Pourquoi en est-on arrivé là? Montaigne renvoie rarement au scénario biblique de la faute originelle[2] . Il en est un autre, privé d'espoir messianique, dans lequel «l'art» est la faute laïcisée, imputable à nul autre «maling esprit» que celui de l'homme naturel lui-même. Alors le «discours» devient la part maudite de Nature, une nature elle-même dénaturée au point de désirer sa propre perte.

Une sourde angoisse traverse ce débat et donne sa résonance à l'ensemble du livre. Nature (ou Dieu, qu'importe en effet le terme!) pouvait-elle ignorer qu'en dotant l'homme de la conscience réflexive et donc du «discours», elle s'obligeait à replier sur elle, à retourner contre elle sa propre force, au risque de sa ruine? La conclusion du chapitre «De la vanité» pose la question sans y répondre:

> Cette opinion et usance commune de regarder ailleurs qu'à nous a bien pourveu à notre affaire. C'est un objet plein de mescontentement; nous n'y voyons que misere et vanité. Pour ne nous desconforter, nature a rejetté bien à propos l'action de nostre veuë au dehors. Nous allons en avant à vau

1 La lecture attentive du parallèle (p. 452 à 486) montre aisément que Montaigne contredit son propos déclaré: la raison naturelle, se retournant contre elle-même, a perverti la nature.

2 Le «cuyder» est le «premier fondement du maling esprit» (p. 449 c); «les Chrestiens ont une particuliere cognoissance combien la curiosité est un mal naturel et originel en l'homme. Le soing de s'augmenter en sagesse et en science, ce fut la premiere ruine du genre humain, c'est la voye où il s'est précipité à la damnation eternelle» (p. 498 a).

> l'eau, mais de rebrousser vers nous nostre course, c'est un mouvement penible: la mer se brouille et s'empesche ainsi quant elle est repoussée à soy [...]. C'estoit un commandement paradoxe que nous faisoit anciennement ce Dieu de Delphes: Regardez dans vous, reconnoissez vous, tenez à vous. (p. 1001-1 b)

Le «connais-toi toi-même», que les *Essais* mettent en pratique, est un «commandement paradoxe», contradictoire, suicidaire. Apollon est dans la nature la force qui rebrousse Nature contre elle-même. La conscience de soi replie le regard sur sa propre source, ajoute à l'être ce plus subtil des suppléments, ce poison de la mort au cœur du vivant. La création tout entière est par nature en effet attachée à «regarder ailleurs», à rejeter sa vue «au dehors» de soi, et elle s'en trouve bien. L'homme seul fait exception: avec lui Nature se prend narcissiquement à sa propre image et meurt de se regarder. Une sorte d'*amor fati* la pousse tragiquement à sa fin.

Regarder ailleurs, c'est coïncider heureusement avec soi, dans l'unité de soi, et nous comprenons que c'est aussi la ruse, «l'art» bénéfique dont use Nature «pour ne nous desconforter», pour nous détourner d'elle-même et nous faire oublier son désespoir. A l'inverse, quand elle dirige sur soi son regard et qu'elle l'interpose entre ses parts divisées, elle pratique une «bonne foy» qui la tue. Peut-on échapper au dilemme? Il semble que Nature a choisi l'homme pour se jouer à elle-même cette cruelle bouffonnerie

> Sauf toi, ô homme, disoit ce Dieu, chaque chose s'estudie la premiere et a, selon son besoin, des limites à ses travaux et desirs. Il n'en est une seule si vuide et necessiteuse que toy, qui embrasse l'univers: tu es le scrutateur sans connoissance, le magistrat sans juridiction et apres tout le badin de la farce. (ibid)

La pulsion de mort ruine comiquement la tentaive même des *Essais.*

«L'art» est donc le salut de la nature, ce par quoi elle se survit. En dépit de l'opposition dont Montaigne aime jouer, Nature et Art ne font qu'un: ils composent les deux faces contradictoires du même dynamisme qui soulève le monde. Nature est artiste pour le meilleur et pour le pire, c'est-à-dire qu'insupportable à elle-même, elle vit et meurt du «paradoxe» qui la contraint de suppléer par un artifice à son propre défaut: supplément et suppléance à la fois, selon la logique derridéenne bien connue. Tantôt prise de honte, elle se fuit et s'aveugle dans l'inconscience animale ou paysanne; tantôt éprise de vérité, elle s'oblige à «se reconnaître» dans l'espoir de «se r'avoir», de coïncider, lucidement cette fois, avec elle-même: mais cette lumière lui est trop odieuse pour ne pas susciter des imaginations qui l'obtureront[1] . Et la dialectique repart, sans fin.

Dialectique, ou plutôt mouvement de bascule partout repérable dans les Essais: ils oscillent, selon l'humeur et la peur, d'un côté ou de l'autre de la fameuse balance. Au plus vif du mal, on trouve la dualité qui interdit à Nature d'être tout simplement elle-même, dès lors qu'elle a créé l'homme cet être de, du «discours». L'acte de reconnaissance, chargé de le faire coïncider avec sa vérité, est aussi l'acte qui lui interdit irrémédiablement d'y parvenir, tant que le discours restera ce qu'il est, à savoir l'efflorescence de la pensée: c'est lui qui fait le «vuide» et le creuse alors qu'il croit le combler. On ne peut supprimer le repli dans le mouvement même du repli. Cette contradiction où Montaigne s'enferme piègera encore toute la tradition littéraire qui naît avec lui, celle dont l'esthétique se résumera à effacer les effets trop visibles

---

[1] Cette fin du chapitre III-9 est particulièrement ambiguë, comme si Montaigne répugnait à s'avouer que sa tentative des *Essais* ne différait pas vraiment de celle de tous ceux qui, au nom de la philosophie, se font les «scrutateurs sans connaissance» du monde. Il est bien dfficile de savoir en quoi «le discours naturel», dont Montaigne se fait le porte-parole, diffère de l'autre, dénaturé, à moins, on le verra, que la poésie ne soit le seul discours vraiment naturel.

de l'art, croyant ainsi retrouver la leurrante simplicité de Nature[1].

Mais Nature ne saurait être le comble de l'art, ni son oubli. En réalité, leur union est trop consubstantielle pour qu'il soit jamais possible de les dissocier. Montaigne le reconnaît à ses heures, aussi invente-t-il une façon de «suivre nature» qui échappe au simplisme du vieux précepte, même s'il ne manque jamais l'occasion de le citer. Il ne s'agira pas de se laisser paresseusement aller sur ses traces obscurcies, mais d'user d'art pour la surveiller, pour la suivre à la manière du précepteur dont on lit le programme au chapitre «De l'institution des enfants». L'art a pour fonction d'éduquer la nature: il est la défiance ou l'attention du regard, qui se laisse toutefois guider par ce qu'il doit guider. C'est une façon de ruser avec la nature pour lui interdire de se détruire: telle est en définitive la vraie pratique de la «bonne foy». On connaît la fameuse formule:

> Si j'estois du mestier, je naturaliserois l'art autant comme ils artialisent la nature. (III-5 p. 874 c)

Ce «mestier» est celui des praticiens du langage, philosophes, savants, poètes, écrivains; et puisque Montaigne avait malgré tout décidé d'en être, il devait donc, sous peine de nullité encore plus coupable, le régénerer dans sa vérité de nature rendue à son double, à sa complexité. A la «bonne foy», donc. La chose, on va le voir, n'était pas aisée, mais peut-être pas impossible.

---

[1] J'ai développé ce thème notamment dans *La perte des mots*, Strasbourg, 1990.

DEUXIÈME PARTIE

LA «BONNE FOY», ENFIN?

Puisque l'art est notre nature, la conséquence va de soi: la «bonne foy» ne peut être qu'une façon de composer avec ces parts contraires et unies, amies et ennemies, de les composer entre elles. Il y a au sens précis un «art» de vivre, un «art» d'écrire aussi, qui consistent à ruser avec soi, avec le langage, pour ménager une sorte de compromis, où la mauvaise foi se trouve légitimée par l'impossibilité d'être uniement soi-même. La «bonne foy» réside tout entière dans l'habileté avec laquelle nous dirigeons nos actes aussi bien que nos paroles. C'est cette double tentative qu'il nous reste à parcourir.

CHAPITRE VI
«L'art» de vivre

On n'échappe donc pas à l'art. On peut feindre de l'ignorer, ou prétendre s'en arracher à force d'héroïsme. Montaigne a certes subi jusqu'au bout la séduction des philosophies superbes, il a vénéré les grandes figures à la Plutarque, mais, contrairement à ce qui a été souvent avancé[1], le sentiment de ses propres limites lui a interdit de se prendre jamais pour Sénèque ou Caton. «Artialiser la nature», c'est inventer un «art» de vivre, qui déjoue l'art par ses propres armes, qui «contrepipe» sa piperie. Montaigne est peut-être le premier qui voulut faire de sa vie une œuvre d'art, et fondre l'esthétique dans l'éthique. La feinte est nécessairement partout, mais comme purifiée par le dessein de l'agencer en vue de réaliser un idéal de beauté vivante.

LE MODÈLE DE L'ART: «BELLES VIES» ET «BELLES ÂMES»

> (b) Les plus belles vies sont, à mon gré, celles qui se rangent au modelle commun (c) et humain, avec ordre, mais (b) sans miracle et sans extravagance. (III-13 p. 1116)

Tels sont, à une phrase près, les derniers mots des *Essais*: ce «modelle commun» qui fait les «belles vies» exclut «l'extravagance», c'est-à-dire tout forcènement vers le haut ou le bas, devant quoi nous avons déjà dit que Montaigne a toujours balancé entre l'admiration et la suspicion. Il se méfie des grandeurs pharisiennes, des imposteurs de la vertu, de ces

[1] Pierre Villey a construit le schéma, trop souvent en vigueur encore, hélas, de «l'évolution» de Montaigne en trois étapes, autour de trois modèles de la morale antique: la stoïcienne, la sceptique, l'épicurienne.

héros de tout poil, qui s'attribuent des exploits dont le mérite revient le plus souvent à Fortune. Vers le bas, s'il envie «la simplesse» populaire, parce qu'elle «nous achemine à un tres-heureux estat» (II-12 p. 493 a), ce n'est pas sans en accuser les limites:

> Si ne la faut il pas imaginer si plombée, qu'elle soit du tout sans goust [...]. Je ne loue point cette indolence qui n'est ny possible ni desirable. (ibid. c)

L'excès dans un sens ou dans l'autre relève du «superflu», où «l'art», au mauvais sens, se donne à voir. Le modèle «commun» appartient au «moyen estage», dont nous savons cependant qu'il «loge les tempestes» et «trouble le monde». C'est là que doit se situer le vrai courage, et non vers «la hauteur inimitable d'aucunes ames heroïques» (I-37 p. 229 a). Le véritable héroïsme passe inaperçu, sa marque est de ne pas être remarqué.

C'est dire que le devoir simple consiste à mettre de l'ordre, là où tout est agitation entre des «lopins» contraires. La Beauté est harmonie: Montaigne partage cette idée avec tout son temps, qui en rêvait d'autant plus que partout la discorde déréglait l'existence. Mais qu'est ce «règlement» dont il parle? Il n'est pas le *méden agan*, ce «rien de trop» qui incite à la «prudence» étroite, avaricieuse, qui interdit toute dépense de passion excessive[1]. Ce «trop» qui est pourtant la marque de «l'art» en nous, il suffit de le ramener, de le replier sur la conduite. La maîtrise de soi est à ce prix:

> Or je veus estre maistre de moy, à tout sens. La sagesse a ses excès, et n'a pas moins besoin de moderation que de folie. (III-5 p. 841 b)

[1] Montaigne loue une fois «la regle de: Rien de trop, commandée par Chilon» (I-27 p. 180 a); mais, significativement, cette recommandation s'applique dans ce contexte, non à la conduite, mais à la connaissance: il ne faut ni «croire temerairement», ni «décroire facilement».

Le but de la morale n'est donc pas de rogner les ailes du désir, mais d'infuser entre les moments de l'existence le liant de la souplesse, de l'aisance. L'esthétique de la continuité s'oppose à la laideur de la fragmentation naturelle, elle consiste à composer la diversité, au lieu de céder à la crispation de postures successives:

> Il ne faut pas se clouër si fort à ses humeurs et complexions. Nostre principalle suffisance, c'est sçavoir s'appliquer à divers usages [...]. Les plus belles ames sont celles qui ont le plus de varieté et de soupplesse. (III-3 p. 818 b)

La «souplesse» fait les «belles ames»: tout est là. L'Antiquité en a laissé nombre d'exemples: le jeune Scipion, dont «le bien vivre a mille façons» (II-33 p. 735 c), Alcibiade, qui «sçavoit se transformer si aisément à façon si diverse» (I-26 p. 167 a), Epaminondas, cette «ame de riche composition», qui «marioit» la violence à l'humanité (III-1 p. 801 b), et surtout Socrate, bien sûr, qui faisait «mouvoir son ame d'un mouvement naturel et commun» (III-12 p. 1037 b): mais en lui ce «naturel» n'était pas sa «nature», qui au contraire «luy fit injustice» et dont il dut corriger le «vicieux ply» (III-12 p. 1059 c). Il se composa un «naturel» conforme à l'image idéale qu'il se faisait d'elle.

Imposer à la conduite cette apparence naturelle, faire de la nature le produit de l'art, c'est aussi le but de Montaigne, emporté, «charrié» par les exigences brutales et contraires de ce qu'il appelle sa «volonté»:

> J'ay un agir trepignant où la volonté me charrie. Mais cette pointe est ennemye de perseverance. (III-10 p. 1021 b)

La «perseverance», c'est la durée et la permanence dans le mouvement, c'est l'égalité qui fait les belles âmes «à divers estages» (III-3 p. 821 b). Montaigne s'est retiré pour «passer en repos» le reste de sa vie, pour en finir avec les tensions de sa complexion. Il devait donc recourir à «l'art», beauté et artifices mêlés, pour ajouter à sa nature le bon supplément qui la règlerait, c'est-à-dire le liant qui donne la souplesse aux actes et aux pensées.

ELOGE DE LA RUSE

Ce qui revient à dire que l'art consiste à ruser, pour conférer à la vie l'apparence, à tout le moins, de la continuité. L'art de vivre compose une sorte de rhétorique du comportement, qui, comme celle du discours, a pour fonction d'habiller les corps et de lier sa gestuelle. On sait pourtant que Montaigne revendique vigoureusement la franchise:

> Il n'est passetemps si leger où je n'apporte du dedans, d'une propension naturelle, et sans estude, une extreme contradiction à tromper; (I-21 p. 110 c)

> Et ne hay pas seulement à piper, mais je hay aussi qu'on se pipe en moy. (III-1 p. 791 c)

Malgré sa «propension naturelle» il ne manque pas cependant à l'occasion de pratiquer la «piperie» comme une nécessité dont il faut savoir user, plutôt que de la condamner. La morale efficace, à défaut d'être vraiment morale, consiste à tirer le meirlleur parti de nos contraintes. Comme ce jour où il parvint à «consoler une dame vraiment affligée», alors qu'il n'avait d'autre dessein que de bluffer la galerie:

> Moy, qui ne desirois principalement que de piper l'assistance qui avois les yeux fixés sur moy, m'advisoy de plastrer le mal. (III-4 p. 831 b)

Ou cet autre jour encore où il dut user d'une «contrebatterie d'enchantemens» pour guérir l'un de ses amis à qui son «aiguillette nouée» faisait croire qu'il était victime de sorcellerie; une «imagination» en guérirait une autre:

> Ce fut une humeur prompte et curieuse qui me convia à tel effect, esloignée de ma nature. Je suis ennemy des actions subtiles et feintes et hay la finesse, en mes mains, non seulement recreatives, mais aussi profitable. Si l'action n'est vicieuse, la routte l'est. (I-21 p. 101 c)

Louable scrupule, mais qui cède vite devant les nécessités, et Montaigne sait user de sa «condition singeresse»:

> Ay je besoing de cholere et d'inflammation? Je l'emprunte et je m'en masque.[1] (III-10 p. 1021 b)

Comment en serait-il autrement, dans un monde qui est lui-même fait d'apparences trompeuses? Machiavel a bien raison: dans cette «societé universelle de mal et de menasses» (III-9 p. 961 b), il faut admettre qu'il y a des «vices legitimes, comme plusieurs actions, ou bonnes ou excusables, illegitimes» (III-1 p. 796 b)[2]: la distinction du bien et du mal ne résiste pas aux exigences du maniement des estats: «Le bien public requiert qu'on trahisse et qu'on mente» (id. p. 791 c). Platon avait déjà approuvé le mensonge en politique:

> Il dict tout destroussement en sa republique que, pour le profit des hommes, il est souvent besoin de les piper. (II-12 p. 512 c)

Il y a donc par exemple des «fictions legitimes», sur lesquelles le droit – suprême paradoxe – «fonde la verité de sa justice» (id. p. 537 b). Comme le porte le titre du chapire II-23, il existe «des mauvais moyens employez à bonne fin».

---

1 Cf II-31 p. 720 b: «Par fois m'avient-il aussi de representer le courroussé, pour le reiglement de ma maison, sans aucune vraye emotion».

2 «Qui se vante en un temps malade comme cettuy-cy, d'employer au service du monde une vertu nayfve et sincere, ou il ne la cognoit pas [...], ou, s'il la cognoit, il se vante à tort, et, quoy qu'il die, faict mille choses dequoy sa conscience l'accuse» (III-9 p. 993 b).

Passe pour la vie publique: les forces et les enjeux y sont tels qu'elle échappe à notre pouvoir, et si à son endroit Montaigne répugne à «guérir le mal par le mal» (III-13 p. 1086 b) (ce qui reste à prouver), il commet cette homéopathie sociale «à gens plus obéissans et plus soupples» que lui (III-1 p. 791 b). Ce qu'il appelle sa «petite prudence», dont il se félicite qu'elle lui réussisse fort bien en ces temps de guerres civiles, est faite, moins de franc courage, que d'escrime rapide, d'esquive souple. Quand les obstacles sont à la mesure humaine, on peut «gauchir», «decliner», «ployer»; lorsqu'ils sont trop menaçants, il faut «glisser», «fuir», «echapper», eschever», «coniller», «se derober»: tels sont ses termes usuels, toutes façons de «feinter» par «art» .

> Je ne suis point arrivé à cette vigueur desdaigneuse qui se fortifie en soy-mesme, que rien n'ayde ni ne trouble: je suis d'un point plus bas. Je cerche à coniller et à me desrober de ce passage, non par crainte, mais par art. (III-9 p. 978 b)

Devant les coups de Fortune,

> à nous autres petits, il faut fuyr l'orage de plus loing; il faut pourvoer au sentiment, non à la patience, et eschever aux coups que nous ne sçaurions parer. (III-10 p. 1015 b)[1]

La force de l'imagination est telle que, dit-il, «mon art est de luy eschapper, non pas de luy resister» (I-21 p. 97 c). Question de «jugement»: «échapper» ou «fuir» n'est pas se démettre; il y a des retraites plus méritoires que des attaques téméraires. Montaigne «conduit» sa conduite, elle ne lui est pas dictée:

---

[1] Curieusement le terme «eschever», qui signifie «éviter», «esquiver», ne figure pas dans la *Concordance de Montaigne*. En voici une autre occurrence: «Il y a de la consolation à eschever tantost l'un, tantost l'autre des maux qui nous guignent» (III-12 p. 1046 c). La bonne conduite relève du jeu de cache-cache.

> Nous ne conduisons jamais bien la chose de laquelle nous sommes possedez et conduicts [...]. Celuy qui n'y emploie que son jugement et son adresse, il y procede plus gayement: il feint, il ploye, il differe tout à son aise, selon le besoing des occasions. (III-10 p. 1007-1008 b)

Se conduire, c'est maintenir entre soi et soi l'espace nécessaire à un jeu dont les règles varient selon les «occasions», mais qui consiste toujours, d'une manière ou d'une autre, à «feindre». Qui dit jeu dit «amusement», un mot cher à Montaigne, qu'on a tort de traduire souvent par «occupation». L'amusement, c'est la gaieté, le plaisir, ennemis de la «tristesse», qui en ces temps était signe de vice[1]. Savoir jouer, c'est aviver la jouissance par toutes sortes de roueries, comme au jeu d'amour, dont les dames connaissent tous les artifices:

> C'est une passion qui mesle à bien peu d'essence solide beaucoup plus de vanité et resverie fievreuse: il la faut payer et servir de mesme. Apprenons aux dames à se faire valoir, à s'estimer, à nous amuser, à nous piper. (III-5 p. 880 b)

L'amusement a ceci de particulier que son plaisir est lié à un double mouvement contradictoire: il est détachement et application, gratuité et sérieux, comme il se voit «aux jeux des enfans [qui] ne sont pas jeux, et les faut juger en eux comme leurs plus serieuses actions» (I-23 p. 110 c). D'autre part, cette activité toute imaginaire, et donc fictive, exige une totale honnêteté: la feinte n'y est pas mensonge. Pour avoir eu «à contrecœur de mesler ny tricotterie ny finesse à [ses] jeux enfantins», Montaigne s'oblige à la franchise en ces choses futiles:

> Il n'est passetemps si leger où je n'apporte du dedans, d'une propension naturelle, et sans estude, une extreme contradiction à tromper. (ibid.)

---

[1] Voir le début du chapitre «De la tristesse» (I-3).

Tromper enlèverait le plaisir, parce que tricher n'est pas jouer: c'est donner au jeu une réalité qu'il n'a pas, puisqu'il repose sur des règles, dont le respect réaffirme chaque fois l'arbitraire. Savoir jouer, savoir jouir. Or dans la jouissance, le plaisir lié à la possession ne s'éprouve qu'à proportion de la conscience qu'on en a:

> Car la mesure en la jouyssance depend du plus ou moins d'application que nous y prestons. (III-13 p. 1111 b)

Et cette «application» tient au pli du regard dirigé sur ce qui l'occupe:

> Le monde regarde tousjours vis à vis; moy, je replie ma veue au dedans, je la plante, je l'amuse. (II-17 p. 657 a)

C'est pourquoi le «commandement paradoxe» du dieu de Delphes peut être retourné contre lui-même et, si on le prend comme un jeu, une ruse, procurer plaisir et jouissance, et non plus désespoir. Les *Essais*, en tant qu'acte d'écriture, pratiquent une morale, celle du «repli», du jeu qui assure la possession et non plus la dispersion de soi et des choses. C'est ce que marquent tant de termes formés avec le préfixe «re-»: se r'avoir, se reconnaître, se rasseoir, se remettre, se raviser, remascher, repasser, ramener, rejeter, remanier, retenir, tetâter, retenter, rebattre, raccoupler, rallier etc.. Chaque fois la distance est revendiquée dans le dessein de la reprise; on ne joue bien qu'à déjouer d'abord. Il faut connaître les feintes pour que les choses en retour soient elles-mêmes «amusées» et comme abusées. Le jeu leur enlève leurs masques terrifiants, il les «apprivoise», il en fait des objets dont chacun peut disposer à sa guise. L'esthétique, c'est encore cela, qui se confond avec l'éthique de la «bonne foy».

LA RUSE DE LA FRANCHISE

Pour pareille pratique, Montaigne ne manque pas de cautions. Quand «la science» par exemple, renonçant à ses pseudo privilèges, conseille l'ignorance, que dit-elle, sinon que

> où la force vous manque, elle veut user de ruse, et donner un tour de souplesse et de jambe, où la vigueur du corps et des bras luy vient à faillir. (II-12 p. 494 a)

Comment toutefois concilier cette nécessité avec l'exigence de franchise? Et cette franchise même, de quelle étoffe est-elle faite? Impitoyablement lucide sur lui-même, Montaigne porte là aussi son soupçon, et il convient que la sincérité n'est, pour lui du moins, que le calcul le plus avantageux.

Par exemple, affligé comme il est de son «incroyable defaut de memoire», les risques de mécompte sont moins importants s'il s'en tient à la vérité. Qui veut être machiavéliste jusqu'au bout, doit posséder une force mentale peu commune qui lui fait défaut. Le chapitre «Des menteurs» (I-9) analyse les pièges où se prennent comiquement ceux qui ne sont pas à la hauteur de leurs mensonges. Aussi reconnaît-il que sa franchise n'est pas le résultat d'un choix moral, mais de sa faiblesse, qui est «faute d'art»:

> Il peut estre aussi que je me laisse aller apres ma nature, à faute d'art [...]. Outre que je suis ainsi faict, je n'ay pas l'esprit assez souple pour gauchir à une prompte demande et pour eschapper par quelque destour, ny pour feindre une verité, ny pour la retenir ainsi feinte, ny certes assez d'asseurance pour la maintenir; et fois le brave par foiblesse. Parquoy je m'abandonne à la nayfveté et à tousjours dire ce que je pense, et par complexion et par discours, laissant à la fortune d'en conduire l'evenement. (II-17 p. 649 b)

La franchise rend ainsi à «l'art» l'hommage de sa faiblesse: elle est un pis-aller, quand la souplesse fait défaut. Montaigne n'est pas loin d'envier les artistes consommés, s'il s'en trouve, et l'on comprend qu'il ait pu trouver «les discours de Machiavel assez [= très] solides».

Mais il y a plus subtil: il arrive que la franchise soit le comble de l'art, quand elle parvient à convertir en force sa faiblesse reconnue. Le chapitre «De l'utile et de l'honneste»» (III-1) développe ce thème. Montaigne y expose comment il sut s'attirer la confiance des Princes, lors de négociations publiques: dans la concurrence des autres, qui usent systématiquement du mensonge, lui à l'inverse fait «profession» de franchise, et son succès tient à la surprise du Prince, qui n'attendait que mensonge. Il en va ici comme de la monnaie: quand la mauvaise foi a partout chassé la bonne, on est heureux de trouver un cœur franc comme l'or. Dire vrai est alors le calcul le plus avantageux, qui, de surcroît sauve la morale[1]. Montaigne sait que cette arrière-pensée n'est pas innocente:

> Ceux qui disent communément contre ma profession que ce que j'appelle franchise, simplesse et nayfveté en mes mœurs, c'est art et finesse, et plustost prudence que bonté, industrie que nature, bon sens que bon heur, me font plus d'honneur qu'ils ne m'en ostent . Mais certes ils font ma finesse trop fine. (III-1 p. 795 b)

Voire! Pour une fois que la ruse fait bon ménage avec la conscience, pourquoi s'y refuser? Cette «finesse»-là «naturalise» admirablement «l'art» et par excès retombe dans la simplicité.

Et d'autant mieux, que Montaigne n'aime pas «s'empescher» de trop lointains calculs. Etant jeune, il usait d'une «loyauté mesnagere et aucunement piperesse», confiant

[1] Même démonstration au chapitre II-17 p. 648: «(b) Je ne sçay quelle commodité ils attendent de se faindre et contrefaire, si ce n'est de n'estre crus lors mesme qu'ils disent verité [...].(c) Qui est deloyal envers la verité l'est aussi envers le mensonge». Savoir mentir à bon propos est un art qu'ignorent les Machiavels au petit pied: là aussi, il faut de la souplesse.

son argent «à l'ordonnance et secours d'autruy» (I-14 p. 62-63 b). Il fait de même encore durant ses voyages, commettant la charge de sa bourse à un tiers: «Je l'oblige à bien faire par une si abandonnée confiance» (III-9 p. 953 b). Comment tromper un maître si loyal qu'il semble même ignorer la tromperie? A deux reprises il échappa aux attaques de bandes armées, parce qu'il avait pris le parti, autant par paresse naturelle que par calcul, d'affecter un tel air de franche innocence qu'il désarçonna ses bandits. L'un d'eux le lui avoua:

> Mon visage et ma franchise luy avoient arraché la trahison des poincts. (III-12 p. 1061 b)

Montaigne ne fait qu'appliquer à la franchise la loi des contraires, dont il a compris qu'elle règle les conduites ordinaires: «Nostre désir s'accroit par la malaisance», c'est le titre du chapitre II-15. Puisque les dames se font aimer dans la mesure où elles se dérobent, et que les portes sont forcées lorsqu'elles sont défendues, il déjoue le jeu en le jouant avec intelligence: il laisse sa maison ouverte, n'ayant «ny garde ny sentinelle que celle des astres», décidé à ouvrir également son cœur et ses portes: «La defense attire l'entreprise, et la deffiance l'offense» (ibid. p. 616 c).

LES RUSES DE LA CONDUITE

Ce calcul jusque dans la franchise vaut dans les rapports avec autrui: qu'en est-il lorsque le sujet est face à cet autre qu'il est pour lui-même, face à ses peurs, à ses «imaginations»? Montaigne dispose d'une palette de moyens propres à conférer «l'aisance» à ses ripostes.

Le premier est une sorte de prophylaxie qui vise à conjurer les premiers symptômes du mal par leur contraire: il espère ainsi éviter la paralysie de sa conduite et relancer le mouvement, façon de faire jouer à nouveau les antagonismes de la complexion, pour neutraliser leurs effets et pour éviter de se «clouer» aux humeurs passantes. Quand l'incendie menace, il allume des contre-feux. Sa haine des «nouvelletez» sociales est dirigée contre un temps où tout chancelle; pourtant

> l'innovation est de grand lustre, mais elle est interdicte en ce temps où nous sommes pressez et n'avons à nous defendre que des nouvelletez. (III-10 p. 1023 b)

Si le corps social était figé dans l'immobilité conservatrice, il eût à l'inverse tout fait pour lui redonner la vie des passions. Il n'en use pas autrement devant les siennes: ainsi de l'ambition par exemple, qui fut sa tentation permanente:

> Je me sens fumer en l'ame par fois aucunes tentations vers l'ambition; mais je me bande et obstine au contraire. (III-9 p. 992 b)

Il dresse alors contre elle ces autres «qualitez diametralement contraires à ce mestier là», que sont «la liberté et l'oisiveté, [ses] maistresses qualitez» (ibid. c). Un excès s'oppose à un autre: le «moyen estage», nous le savions, est agité de ces turbulences. Montaigne n'a pas «la ladrerie spirituelle» de ces âmes qui par stupidité «voient les choses à demy»; il est toujours sur le qui-vive: «Je me deffie un peu tendrement des choses que je souhaitte», avoue-t-il; en consequence

> à toutes occasions ou ma volonté se prend avec trop d'appetit, je me panche à l'opposite de son inclination. (III-10 p. 1013, 1014 b)

Ses mœurs composent ainsi une étrange balance (celle gravée sur le fameux «jetton») qu'il doit sans cesse rééquilibrer, en les poussant «à l'opposite» de leur mouvement. C'est pourquoi, maintenant que la sclérose de la vieillesse le menace, il rappelle la vivacité de sa jeunesse, dont alors il s'efforçait d'alentir la frénésie:

> A mesure que l'aage me rend les humeurs plus aigres, j'estudie à m'y opposer, et feray, si je puis, que je seray dores en advant d'autant moins chagrin et difficile que j'auray plus d'excuse et d'inclinaison à l'estre[1]. (II-31 p. 720 b)

Cette inversion pendulaire des plateaux n'est pas la souplesse: elle l'imite. On songe à ces jeux de patience, où il faut loger des billes dans les trous d'une petite boîte: l'habileté du joueur est dans la main qui les lance pour les freiner aussitôt d'un mouvement inverse et les ramener vers le centre.

Proche de ce moyen, moins heurté que lui, il y a «la diversion», à laquelle Montaigne a consacré tout un chapitre (III-4). Elle consiste à substituer une image de plaisir à celle qui fait souffrir; ainsi l'on fait «decliner», on «gauchit» l'atteinte des maux, et l'aisance revient, dès lors que l'esprit se détourne de la considération de la chose en soi. Un tel procédé prend au piège l'imagination dont est faite notre vie intérieure, elle retourne contre elle sa nature inconsistante et polymorphe: on peut donc facilement en disposer selon notre commodité:

> Peu de chose nous divertit et destourne, car peu de chose nous tient [...]. Nous ne regardons gueres les subjects en gros et seuls; ce sont les circonstances ou des images menues et superficieles qui nous frappent, et des vaines escorces qui rejaillissent des subjects. (III-4 p. 836 b

A ce jeu, il faut plus d'habileté qu'au précédent, et la ruse y est préméditée[2]: tout l'art consiste à «contrefaire» au moment voulu les «affections» qui nous plaisent.

---

[1] Cf. III-9 p. 977 c: «A mesure que les commoditez naturelles nous faillent, soustenons nous par les artificielles [...]. Jeune, je couvrois mes passions enjouées de prudence; vieil je demesle les tristes de debauche»: le supplément de l'art bien utilisé consiste à déclancher les contraires.

[2] «Si je ne puis la combattre [«une aigre imagination»], je luy eschape, et en la fuyant je fourvoye, je ruse: muant de lieu, d'occupation, de

Le regard, où siège en retrait le «jugement», a la liberté de choisir ainsi les «images menues», les «vaines escorces» les plus convenables à chaque moment de l'existence. Mais elles ne prennent vraiment «forme» que dans le discours, qui les actualise: «La fortune fournissant simplement de matiere, c'est à nous de luy donner la forme» (I-14 p. 51). C'est ce que prouvent par exemple certains chapitres du premier Livre, dont on a cru qu'ils exprimaient la ferveur passagère de Montaigne pour le stoïcisme, alors qu'ils pratiquent déjà la politique de la «diversion» sans encore user du terme[1]. On n'a pas compris que l'usage systématique de la citation était une façon d'user de cette morale héroïque (et de toute autre également) à une fin qui ne l'est nullement. La force des mots est telle qu'ils imposent, bon ou mal gré qu'on en ait, ce qu'ils disent. Le propos est exprimé sans ambages au début du chapitre I-14:

> Les hommes (dit une sentence Grecque anicenne) sont tourmentez par les opinions qu'ils ont des choses, non par les choses mesmes [...]. Si les maux n'ont d'entrée en nous que par nostre jugement, il semble qu'il soit en nostre pouvoir de les mespriser et contourner à bien. (p. 50 a)

Ce «mépris» n'est pas fierté philosophique; il résulte de la maîtrise de qui a su «contourner à bien» sa peur. Comment? En choisissant dans l'immense magasin de la topique morale, non pas les plus honnêtes, les plus vraies, mais les plus efficaces des «imaginations» et des «discours» (c'est tout un) pour nous soulager et consoler. Le même chapitre, après avoir déployé une batterie d'arguments, reprend le thème:

---

compaignie, je me sauve dans la presse d'autres amusements et pensées où elle perd ma trace et m'esgare» (ibid.). Il arrive que le chasseur soit poursuivi par son gibier, et que sa ruse offensive devienne défensive

[1] Notamment les chapitres I-14 et 20, qui traitent de la mort et des peurs qu'elle entraîne. Villey y voyait la preuve d'un Montaigne «exalté» par son stoïcisme «livresque», au début de sa retraite.

> Or sus, pourquoy de tant de discours, qui persuadent diversement les hommes de mespriser la mort, et de porter la douleur, n'en trouvons nous quelcun qui face pour nous? Et de tant d'imaginations, qui l'ont persuadé à autruy, que chacun n'en applique il à soy une le plus selon son humeur?[1] (p. 67)

«Ô mort, où est ta victoire?» Partout répond Montaigne le craintif:

> En quelque maniere qu'on se puisse mettre à l'abri des coups, fut ce soubs la peau d'un veau, je ne suis pas homme qui y reculasse. (I-20 p. 85 a)

Imagine-t-on Caton ou Sénèque «soubs la peau d'un veau» ou du fameux pourceau de Pyrrhon? Montaigne crut «apprivoiser» la mort en la vivant, si l'on peut dire, lors de l'accident de cheval dont il nous fait le récit au chapitre «De l'exercitation» (II-6). Mais la victoire ne fut pas gagnée. Au terme de son livre, il use encore de son imagination, la retournant une fois encore contre elle-même pour repousser les frayeurs qu'elle lui inspire:

> Je trete mon imagination le plus doucement que je puis et la deschargerois, si je pouvois, de toute peine et contestation. Il la faut secourir et flatter, et piper qui peut. Mon esprit est propre à ce service: il n'a point faute d'apparence par tout; s'il persuadoit comme il presche, il me secourroit heureusement. (III-13 p. 1090 b)

Et pendant six pages, Montaigne expose «les argumens, et forts et foibles» (qu'importe, en effet!) grâce auxquels son

[1] Il arrive que la meilleure de ces «imaginations» soit aussi la plus héroïque: «N'ayons rien si souvent en la teste que la mort. A tous instants representons la à nostre imagination et en tous visages» (I-20 p. 86 a). Mais il est aussi d'autres façons moins tendues de lui échapper. Le long discours que tient «Nature» en fin de ce chapitre est une façon de se bercer de mots.

esprit «essaye d'endormir et amuser [son] imagination, et gresser ses playes» (id. p. 1095 b). Ce sont ses «eschappatoires», vents de «l'esprit», auxquels l'obligation de les «enroller» dans son livre donnait plus encore poids, réalité: façon de s'auto-persuader, de «s'endormir». A défaut de guérir, le discours «gresse les playes».

Poussant cette logique à son terme, il en vient à contredire la plus ferme de ses exigences, la lucidité même. Le moyen le plus sûr d'échapper aux maux de Fortune ou de l'imagination est de les ignorer, d'une ignorance non pas verbale comme celle de la philosophie qu'il méprise[1], mais réelle en tuant en lui la conscience qui aiguise la peur. Refusant alors de suivre le «commandement paradoxe» inscrit au temple d'Apollon, il n'hésite pas à «s'aveugler», à ne pas voir. Il y a de l'autruche chez Montaigne; délibérément, il «se laisse aller», il se tapit lorsque le mal se fait trop pressant. Son modèle est le «laboureur, insensible à la douleur parce qu'il colle «au sentiment present» de sa condition:

> Comparez la vie d'un homme asservy à telles imaginations à celle d'un laboureur se laissant aller après son appetit naturel, mesurant les choses au seul sentiment present, sans science et sans prognostique, qui n'a du mal que lorsqu'il l'a; où l'autre a souvent la pierre en l'ame avant qu'il l'ait aux reins. (II-12 p. 491 a)

La suprême fin de «l'art» est atteinte, quand par calcul il renonce à lui-même: il suffit de s'abandonner à l'ordre qu'on déclare «naturel» dès lors qu'on oublie de quel artifice il est fait, de limiter la vue en supprimant le supplément du temps et de la mémoire. Le «jugement» n'occupe jamais

---

[1] Même si, comme on vient de le voir, il lui reprend lucidement ses «conseils». L'*Apologie* raille la philosophie morale, n'y voyant qu'une ruse visant à «donner un tour de souplesse et de jambe, où la vigueur du corps et des bras vient à luy faillir» (p. 494 a). Pourtant, à ses heures, Montaigne y recourt.

mieux son «siege magistral» que lorsqu'il décide de l'abandonner:

> Je me laisse ignoremment et negligemment manier à la loy generale du monde. Je le sçauray assez quand je la sentiray. (III-13 p. 1073 c)

Il y a même du plaisir à s'abandonner à ceux qui vous pipent:

> Je prie ceux qui vivent avec moy, où l'affection leur manque et les bons effects de me piper et payer de bonnes apparences. (II-17 p. 644 b)

> Bien sert la decrepitude de nous fournir le doux benefice d'inapercevance et d'ignorance et facilité à nous laisser tromper.[1] (II-8 p. 394-395 b)

A ces affirmations, s'opposent bien sûr celles d'un tout autre tonneau, qui font de la lucidité, alors que le mal tenaille, la vertu à ne jamais abandonner:

> Je suis content de n'estre pas malade: mais si je le suis, je veux sçavoir que je le suis; et si on me cauterise ou incise, je le veux sentir. De vray, qui desroberoit la cognoissance du mal, il extirperoit quand et quand la cognoissance de la volupté, et en fin aneantiroit l'homme.[2] (II-12 p. 493 c)

---

[1] A cette réserve près, capitale, que la lucidité ne peut inorer qu'elle consent au leurre. Montaigne ajoute cette remarque à ce passage: «Au cas que cette piperie m'eschappe à voir, au moins ne m'eschappe-il pas que je suis très pippable [...]. Si les autres me pippent, au moins ne me pippe je pas moy mesmes à m'estimer capable de m'en garder, ny à me ronger la cervelle pour m'en rendre».

[2] Au chapitre II-37, Montaigne, parlant de sa maladie de la pierre, veut que «l'ame soit capable de se reconnoistre»: «Je me taste au plus espais du mal et ay tousjours trouvé que j'estois capable de dire, de penser, de respondre aussi sainement qu'en une autre heure» (p. 761-762, a, b). L'excès de lucidité le conduit parfois à une étrange complicité, («confidence», dit-il) avec le mal, qui équivaut à de l'aveuglement: «Je ne m'estrange pas tant de l'estre mort comme j'entre en confidence avec le

On aurait tort de vouloir concilier ces dispositions divergentes: elles sont également vraies selon la nécessité du moment. Montaigne n'a jamais trouvé de moyen terme où fixer sa sagesse, qui est faite de cette variation. La «souplesse», c'est cette faculté de s'adapter aux situations et d'y apporter la riposte la plus appopriée. La «bonne foy» ne se juge pas aux moyens utilisés, mais à l'intelligence de leur utilisation. Quand on est du «moyen estage», la loyauté consiste à obéir aux exigences du réel, non aux codes de la morale.

DUALITÉ ET DUPLICITÉ

Elle se définit donc par la souplesse d'un empirisme dont toutes les armes se valent pourvu que «l'aise» soit au bout. Il en résulte souvent un laxisme surprenant de la conscience morale, une résignation vite satisfaite d'elle-même. Les actes, les gestes, les dires même comptent peu, du moment que les intentions et les pensées ont mené leur jeu à part[1]. Mais Fortune, avec ses mauvais coups, n'est-elle pas une excuse peut-être bien facile? La lecture des *Essais* a justifié pour les Modernes la dichotomie du dedans et du dehors, dont un Rousseau par exemple usera pour justifier son innocence[2]. Mais comment tracer la limite entre cette dualité et la duplicité? Il est facile de passer d'un bord à l'autre et d'arguer de l'irresponsabilité pour se décharger des contraintes extérieures et se retrancher dans les hauteurs du «mépris».

> Il faut avoir femmes, enfans, biens, et sur tout de la santé, qui peut, mais non pas s'y attacher en maniere que nostre heur en depende [...]. Il se faut servir de ces commoditez accidentales et hors de nous, en tant qu'elles nous sont

---

mourir. Je m'enveloppe et me tapis en cet orage, qui me doibt aveugler et ravir de furie, d'une charge prompte et insensible» (III-9 p. 971 b).

1 Le chapitre I-7 s'intitule: «Que l'intention juge nos actions».

2 Elle existait chez les moralistes anciens, chez les stoïciens notamment. Montaigne lui donne une coloration différente.

> plaisantes, mais sans en faire nostre principal fondement. (I-39 p. 241, 243 a)

Le chapitre «De la solitude» (I-39) expose ce qui n'est peut-être qu'un stratagème. «L'arriere boutique», que Montaigne s'est réservée en lui-même, et dont la «librairie» de sa tour représente l'image pour le dehors, n'est «toute franche», que parce qu'elle lui procure la liberté de se retrancher et de «s'entretenir» avec lui-même. La franchise dont il se réclame ne signifie pas la sincérité, comme il en sera au siècle suivant[1], mais le «desnouement» des obligations extérieures, le choix de ses disposition internes. Entre sincérité et franchise, il y a opposition, car la conquête de la liberté vaut bien quelque messe au mensonge: les jésuites et les jansénistes au siècle suivant s'opposeront sur le même thème, les premiers pensant que la liberté de l'âme devait accepter la duplicité imposée par la vie sociale. Ce que Montaigne appelle sa «bonne foy» accepte la restriction mentale, chère aux casuistes. Devant les puissants de ce monde, par exemple:

> Toute inclination et soubmission leur est deuë, sauf celle de l'entendement. Ma raison n'est pas duite à se courber et flechir, ce sont mes genoux.[2] (III-8 p. 935 b)

Lui qui tout à l'heure voulait que le visage fût l'exact répondant de l'âme, admet aussi bien leur désaccord. La Boëtie, bien qu'il fût «assez consciencieux pour ne mentir pas mesmes en se jouant», lui avait appris cette

> maxime souverainement empreinte dans son ame, d'obeyr et de se soubmettre tres-religieusement aux loix sous lesquelles il estoit nay. (I-28 p. 194 a)

---

1 «Libre» est le sens premier de l'adjectif «franc»: c'est celui qu'il faut lui donner dans les *Essais*. Un siècle plus tard la mutation de sens est attestée par le *Dictionnaire* de Furetière.

2 Le chapitre «De l'utile et de l'honneste» (III-1) s'attache à justifier cette dichotomie

Cette exigence impérative n'est peut-être qu'un alibi, grâce auquel il est possible de tracer un strict partage entre le dehors de la soumission et le dedans réservé à la liberté de juger. Il en va pareillement du comportement à observer devant les coutumes, dont les rois sont en quelque sorte les garants:

> Le sage doit au dedans retirer son ame de la presse, et la tenir en liberté et puissance de juger librement des choses; mais, quant au dehors, il doit suivre entierement les façons et formes receues. (I-23 p. 118 a)

Cette dichotomie autorisera toutes les lâchetés de la pensée à venir.

LES RUSES DE LA MÉMOIRE

Montaigne s'en accommodait mal à coup sûr: aucune souplesse ne peut lier un dedans et un dehors entre lesquels on maintient la rupture. Or cette discordance caractérise l'être de culture, que sa mémoire, anormalement développée, empêche de s'en tenir, comme «le laboureur» plus haut rencontré, «au seul sentiment present»:

> Que te sert il d'aller recueillant et prevenant ta male fortune, et de perdre le present par la crainte du futur, et estre à cette heure miserable par ce que tu le dois estre avec le temps? (III-12 p. 1050 c)

L'ennemi, c'est «le temps», recueilli, prévenu par la mémoire. Mais il y a mémoire et mémoire, et il faut distinguer.

Il y a celle artificielle, verbale, qui se construit sur l'oubli et le mépris de la réalité. On sait la condamnation par Montaigne du «savoir par cœur» qui n'est «pas savoir», des «testes bien pleines», que le poids de leur «suffisance estrangere» précipite dans le vide: cette mémoire-là est pleine du faux trésor de l'*inventio* rhétorique, des *baroco* et *baralipton* de la dialectique. Lui-même en a souffert un jour où, devant prononcer une harangue solennelle, il crut bon de confier à sa mémoire un discours laborieusement rédigé:

> Autant que je m'en rapporte à elle, je me mets hors de moy, jusques à essaier ma contenance; et me suis veu quelque jour en peine de celer la servitude en laquelle j'estois entravé, là où mon dessein est de representer en parlant une profonde nonchalance et des mouvemens fortuites et impremeditez, comme naissans des occasions presentes. (III-1 p. 963 b)

Le temps de cette mémoire emprisonne la liberté, qui naît des «occasions presentes», des «occasions estrangeres, presentes et fortuites», comme il le disait déjà au chapitre «Du parler prompt ou tardif» (I-10 p. 40 a), où la même mésaventure était évoquée. Cette mémoire est du stéréotype plaqué sur du vivant, et quand la chute arrive, le rire des auditeurs s'accroît de la honte de l'orateur que sa mémoire avait mis hors de lui. Le «magasin» de la mémoire» est un fourre-tout, et si la rhétorique a été inventée pour lier le discours, encore faut-il être capable d'en appeler et assembler les morceaux. Pourtant ailleurs, Montaigne ne manque pas de faire l'éloge de cette mémoire livresque: «util de merveilleux service», elle est le «réceptacle et l'estuy de la science» (II-17 p. 649, 651 a) que maintenant il ne condamne plus. Et l'on se souvient qu'il impute l'échec de son «exquise» éducation à son «incroiable defaut de memoire»: reproche d'autant moins justifié, que son père, ayant renoncé à asseoir son instruction sur ce pilier principal dont les éducateurs usaient depuis l'antiquité, lui en avait soigneusement évité les contraintes et les rigueurs.

Même regret en ce qui concerne sa mémoire «naturelle»:

> Je n'en reconnoy quasi trasse en moy, et ne pense qu'il y en aye au monde une autre si monstrueuse en defaillance. (I-9 p. 34 a)

Ce qui ne va pas sans entraver sa vie quotidienne, sans la morceler d'un instant à l'autre. Il en est à ce point qu'il est obligé de confier à ses proches telle «fantasie» qu'il voudrait écrire dans sa «librairie» de peur de l'oublier en traversant la cour du château (II-17 p. 651 a). «Ce qu'on me veut proposer, il faut que ce soit à parcelles» (II-17 p. 649 a).

Montaigne accuse sa nature: il est né comme ça. Explication trop facile! On ne s'est pas interrogé sur le sens que put avoir cette défaillance dans son dessein de se peindre en mots dans son livre, de «se r'avoir». On l'a mise en doute, sur la foi des références livresques dont il remplit ses chapitres; ou bien, prenant acte du fait, on a montré qu'il pratiquait une «mémoire intratextuelle», «mémoire de l'invention», qui serait «la trace d'une pensée dans sa présence aux textes d'autrui»[1]. On conviendra pourtant que la mémoire est moins un don que le signe de l'intérêt que chacun porte aux choses: est retenu ce qui plaît, oublié ce qui pèse. Que cachent pour Montaigne ce rejet et ce regret de la mémoire?

Ceci, peut-être, qu'il en fut moins dépourvu, qu'il ne brida cette faculté qui le mettait en porte-à-faux avec lui-même. Il souffrait plutôt d'un trop-plein de mémoire: images livresques, dont il cherchait, nous l'avons dit, à se débarrasser, souvenirs d'une jeunesse somme toute peu heureuse, vie professionnelle décevante, déception d'une amitié interrompue. L'oubli empêche le débordement du passé dans le présent et au-delà, et Montaigne s'y est systématiquement employé pour réaliser l'unité de son moi partagé. Jusqu'au jour où la marée fut trop forte. Les *Essais* ont été l'acte par lequel Montaigne, renonçant à se fuir, a voulu régler courageusement son compte à sa mémoire pour l'accorder au

---

[1] C'est la fine démonstration de Michel Beaujour, dans *Miroirs d'encre* (Paris, 1980 p. 113 sq.), qui refuse de s'intéresser à la fonction que put jouer dans la vie de Montaigne ce «désaveu de la mémoire». Ce faisant, il l'emprisonne dans son texte, négligeant de prendre au sérieux le rapport que notre auteur voulait établir entre la mémoire en mots et la vie: ce que j'essaie de dégager ici.

présent qui lui restait à vivre. Sa façon de pratiquer l'oubli fut de déposer en quelque sorte sa mémoire, de s'en débarrasser lucidement en la consignant par écrit, en la considérant, en lui concédant sa part. La «bonne foy», c'était aussi l'anamnèse, sans risquer la complaisance et la perte de soi dans l'étalage des souvenirs .

Montaigne a reconnu que son livre était sa mémoire:

> A faute de memoire naturelle, j'en forge de papier, et comme quelque nouveau simptome survient à son mal, je l'escris. (III-13 p. 1092 c)

> Tant y a qu'en ces memoires, si on y regarde, on trouvera que j'ay tout dict, ou tout designé. (III-9 p. 983 b)

«Memoire» et «mémoires». Il satisfaisait la première en rappelant les souvenirs pour «destourner par ruse le chagrin de la vieillesse». Il notait ses pensées au jour le jour, en recueillant dans son livre-«gardoire» les glanes livresques que sa tête refusait de retenir[1]: leur relecture en réanimerait le souvenir et le sens. Il a dit son admiration pour ces puits de savoir que furent Juste-Lipse ou Turnèbe, et son regret de n'avoir «gousté des sciences que la crouste premiere», de n'en avoir «retenu qu'un general et informe visage» (I-26 p. 146 a). Ainsi remédiait-il au mal, non sans s'abuser lui-même et se donner à l'occasion la comédie de l'érudition. L'*Apologie*, par exemple, ce gigantesque montage de citations de seconde main, lui donnait le sentiment de faire le tour de tous les savoirs et d'en mesurer la vanité: ainsi justifiait-il sa propre ignorance. Mais ce faisant, il déposait aussi pieusement les images d'un passé prestigieux ou désolant, qui encombrait l'imaginaire qu'est toute mémoire. Et tandis qu'il édifiait ce

---

[1] «Je m'en vay escorniflant par cy par là des livres les sentences qui me plaisent, non pour les garder, car je n'ay point de gardoires, mais pour les transporter en cettuy-cy, où à vray dire elles ne sont non plus miennes qu'en leur premiere place» (I-25 p. 136 c).

livre-tombeau, il vivait dans le présent de l'écriture: ainsi échappait-il à sa mémoire tout en lui réservant sa part.

«Mémoires»: Montaigne fut-il mémorialiste, comme bien d'autres qui en ce temps, à la suite de Commynes, se faisaient les historiens des événements dont ils avaient été les témoins? Non, mais certains l'avaient poussé dans cette voie:

> Aucuns me convient d'escrire les affaires de mon temps, estimants que je les voye d'une veuë moins blessée de passion qu'un autre, et de plus pres, pour l'accez que fortune m'a donné aux chefs de divers partis. mais ils ne disent pas que, pour la gloire de Salluste, je n'en prendois pas la peine: ennemy juré d'obligation, d'assiduité, de constance; qu'il n'est rien si contraire à mon stile qu'une narration estendue: je me recouppe si souvent à faute d'haleine, je n'ay ny composition, ny explication qui vaille, ignorant au-delà d'un enfant des frases et vocables qui servent aux choses plus communes; pourtant ay-je prins à dire ce que je sçay dire, accommodant la matiere à ma force. (I-21 p. 106 c)

Les «mémoires» de Montaigne proposent le bilan d'une vie et d'une expérience mises en relation avec leur temps, dans l'espoir d'en dégager des lois, des leçons. Montaigne refuse de faire de sa mémoire un simple réservoir, qu'un style, uni, continu se contenterait de projeter sur le papier, ainsi que font les historiens, gens de bonne mémoire. Sa mémoire à lui (et la difficulté du projet explique qu'il en déplore la faiblesse) passe par l'étamine d'un langage qui se refuse à dire les «choses les plus communes». Ce qu'il «sait dire», ce n'est pas «la narration» des événements, mais «ce qui peut advenir» (ibid.), le possible du monde, de «l'humaine capacité». Seule la poésie use de la vraie mémoire, qui n'est pas celle des historiographes. Aristote l'a dit, et nous aurons à nous souvenir de cette leçon.

Cette opération résultait du «jugement», qui, pensait-il, occupait l'espace laissé libre par le défaut de la mémoire ordinaire. S'il reconnaît qu'en l'absence de celle-ci, «le jugement faict bien à peine son office» (II-17 p. 649 a), c'est tout de même parce que le «magasin» de sa mémoire était dégarni que son jugement s'est développé, et il en est légitimement fier:

> Il se voit par experience qu les memoires excellentes se joignent volontiers aux jugemens debiles [...]. [J']irois facilement couchant et allanguissant mon esprit et mon jugement sur les traces d'autruy [...] si les inventions et opinions estrangieres m'estoient presentes par le benefice de la memoire. (I-9 p. 34-35 b)

Jugement contre mémoire, présent contre passé: cette revanche prise sur un défaut est pour Montaigne le meilleur de son art de vivre. Il se rend ainsi moins «sot» que tel autre, fourré dans «son chapperon sa robe et son latin», qu'il dénonce rageusement dans «L'art de conférer» (III-8). Mais les choses sont peut-être moins simples. Entre jugement et mémoire, Montaigne établissait en fait une connivence, grâce à laquelle il réalisait l'unité de soi, condition de la «bonne foy». S'il est bien vrai que son livre rassemble les «essais de son jugement», c'est que celui-ci est un «util à tous subjects et se mesle par tout» (I-50 p. 301 a), à la mémoire notamment. A ce titre, il permet à la conscience d'actualiser dans le présent la succession des moments passés et perdus. Seule possession du sujet propriétaire, qui le «promène» en tous les lieux de la mémoire, cet outil les transforme en occurrences du présent; il leur permet de faire retour, comme si le regard les donnait à vivre dans l'instant où elles se représentent. Il les oblige à quitter leur vêture temporelle[1], pour en «sonder» ce qui demeure. Le jugement enlève à la mémoire le poison qui nourrit l'imaginaire: il lui restitue l'espoir.

[1] C'est pourquoi les *Essais* ne sont en rien une autobiographie, soucieuse par définition de la succession temporelle. Montaigne ne s'intéresse pas à sa vie, sauf à ce qui en elle peut avoir valeur de présent, et qui sait, d'éternité

C'est pourquoi les *Essais* peuvent se donner pour une parole du présent, vraie pour le seul présent de leur énonciation, et Montaigne logiquement ne leur prédisait guère d'avenir[1]. La mémoire y est apprivoisée, parce qu'écrire ses souvenirs (livresques ou personnels) est une façon de les réactualiser, de les rendre présents, et donc de leur donner une nouvelle chance. La structure indéfiniment ouverte des chapitres comme de l'ensemble montre à l'évidence le refus de Montaigne de replier sa mémoire dans la clôture d'un livre où lui-même s'enfermerait dans la douceur ou la douleur de la souvenance. Pour éviter cette piperie, il fallait la «contre piper» à son tour, en la prenant aux filets de l'écriture: ainsi rendue visible et présente, elle pouvait subir l'épreuve du jugement. C'est dans le réseau du langage que la «bonne foy» devait se jouer, mais peut-être, on va le voir, comme à qui perd gagne.

En tout cas, l'art de vivre conduisait à l'art d'écrire, au point de s'y confondre peut-être.

---

[1] «J'escris à peu d'hommes et à peu d'années» (III-9 p. 982 a). Il destine son livre, on s'en souvient à «ses parens et amis». Ce temps de l'intimité familiale échappe à l'horloge du temps du dehors, du temps qui passe et se compte. C'est pourquoi il a quelque chance d'éternité.

CHAPITRE VII

La parole en accusation

Vivre, écrire ou, à tout le moins, parler: quels liens entre ces termes les rend presque synonymes? Si la morale finit en parole (et en chanson peut-être), c'est sans doute qu'elle commence aussi par là. En effet, la parole occupe dans l'être humain une place stratégique. Mais le jugement y tient difficilement son «siege magistral», car il ne sait au juste quelle confiance lui accorder. L'être de la parole, peut-il se donner pour un être de parole? On se doute que le langage dans sa relation avec la vérité échappe d'autant moins au soupçon qu'il est notre pièce maîtresse. Montaigne n'est pas loin de voir en lui l'instrument qui procure à l'imagination tous ses faux prestiges. Que vaut dans ces conditions l'entreprise des *Essais?* Est-il possible d'outrepasser une limite si contraignante? Montaigne est trop soucieux de ne pas «eschapper» à l'homme», pour chercher à transgresser les contraintes de notre condition. Si la morale consiste à s'accepter et à essayer de jouer de nos facultés de façon à les retourner contre elles-mêmes, il doit en aller de même avec la parole. Se peut-il que ce qui nous sépare du vrai en devienne aussi l'agent? La «bonne foy», enfin?

LES DÉBATS SUR LA LANGUE: L'ARBITRAIRE

Tout le siècle de Montaigne a résonné des questions que savants et écrivains soulevaient à propos des langues[1], mais les

---

[1] Pour s'en convaincre, il suffit de se reporter à l'étude considérable de Marie-Luce Demonet, *La voix du signe. Nature et origine du langage à la Renaissance (1480-1580)*, Paris, 1992. On est surpris par l'ampleur et la richesse des débats qui eurent lieu alors sur ces questions. Montaigne ne

Essais n'y font nulle allusion. Sur ce point, plus que sur tant d'autres qui n'importaient guère à sa quête, il prend le parti de l'ignorance ou de l'indifférence. Les théoriciens, s'appuyant sur les textes bibliques et les preuves scientifiques, s'interrogeaient sur l'origine des langues; ils cherchaient si celle d'avant Babel n'avait pas laissé des traces où la vérité se laisserait encore décrypter. Les querelles autour du latin avaient relancé la question des langues vernaculaires, et la diaspora babélienne était vécue comme la nouvelle réalité moderne. Rabelais avait été très attentif à toutes ces questions, et jusque dans ses galéjades les plus facétieuses[1], il mettait en cause les limites et les virtualités du langage. On peut affirmer que l'ensemble de son œuvre est commandée par cette inquiétude. Existe-t-il une langue «naturelle»? Les signes sont-ils conventionnels? Peut-on, doit-on leur trouver, leur insuffler une motivation «relative», qui suffirait à justifier leur utilisation au plus près de la vérité? Et surtout, qu'est-ce que le sens, qui circule et s'invente dans les textes selon le «désir» de celui qui les lit[2]? Après des siècles où la glose avait imposé l'orthodoxie, ce remue-ménage autour des langues conduisait les meilleurs esprits à douter qu'elles pussent exprimer la substance des choses, et la thèse de l'arbitraire des signes

tient à juste titre pratiquement aucune place dans cet ouvrage, mais non pas Rabelais, et pour cause, comme on va le voir.

1 Les jeux sur l'onomastique, par exemple, réduisent les étymologies médiévales, qui fondaient le langage en vérité, à de simples calembours. Les énumérations dont on sait que Rabelais aime parfois remplir de longues pages, semblent une façon de mesurer le lexique à l'infinie diversité des choses.

2 C'est la très grave question soulevée par l'ensemble du *Tiers Livre* notamment: on y voit Panurge interpréter dans le sens de son désir les oracles qu'il consulte à propos de son mariage, alors que tous ses compagnons y décèlent une signification contraire. Mais ces logiques sont également vraisemblables, et il faut bien en conclure que les textes n'ont aucun sens qui leur appartienne en vérité. Le *Gargantua* avait déjà abordé cette question, dans son Prologue notamment. Le *Cymbalum Mundi* de Bonaventure Des Périers exposait comment le langage, dès lors qu'il a perdu ses références, peut permettre toutes les manipulations et les abus de pouvoir: c'est ce qui en fit à l'époque un livre «subversif».

l'emportait généralement chez les savants. Mais ils n'en concluaient pas leur fausseté; il y avait plusieurs façons de les sauver ou de les regénérer, et certains, tel Rabelais, aimaient jouer avec l'infinité de leurs possibles.

Au regard de Montaigne, celui-ci avait écrit un livre «simplement plaisant» (II-10 p. 410 a), et il refusait de lui accorder le moindre sérieux. Pour lui-même, il ignore ou feint d'ignorer les débats à la mode. Pourtant il fréquentait des milieux lettrés, où ils étaient d'actualité, mais ne pas s'embarrasser des arguments sur des problèmes si essentiels à son œuvre lui permettait de prendre position en toute indépendance, et de pousser sa conception de l'arbitraire des signes dans une direction beaucoup plus critique et relativiste que bien d'autres. Une seule fois, il fait référence à une théorie linguistique, en ouverture du chapitre «De la gloire» (II-16):

> Il y a le nom et la chose: le nom, c'est une voix qui remerque et signifie la chose; le nom, ce n'est pas une partie de la chose, ny de la substance, c'est une piece estrangere joincte à la chose, et hors d'elle. (p. 618 a)

Or la source de ce passage n'est pas un traité moderne, mais le *Livre des Creatures* de Sebond que Montaigne traduisit à la demande de son père. Sebond, théologien espagnol du XV° siècle, n'était pas un linguiste: s'il distinguait «le mot» et «la chose» en bon aristotélicien, il croyait aussi à leur accord naturel[1]. Montaigne, fort de son seul sentiment et de son

---

[1] Sebond avait écrit: «Premierement la chose est, et puis on donne à la chose un nom, qui la denote et la distingue [...]. C'est le nom qui represente et signifie toute la chose, c'est luy qui l'enleve et la porte. Entre les circonstances de dehors et exterieures, il n'y a que le nom qui se die directement de la chose» (A.A. vol. IX, ch. cxci, p. 342-343, traduction de Montaigne). Il faudrait citer la totalité de ce chapitre que Montaigne résume en ces quelques lignes en lui donnant un tout autre sens. Mais ce court extrait suffit à montrer que Sebond ne voit nulle discordance entre le mot et la chose: seul le temps de leur apparition successive les sépare, puisque le

expérience, transforme totalement la portée de son emprunt dans le sens de la gratuité de ce qu'il appelle «le nom», c'est-à-dire tout mot: s'il «signifie la chose», il ne livre rien de sa «substance», il est décisivement «hors d'elle», séparé d'elle; entre eux le rapport est celui de «l'estrangeté» que souligne la «remarque» du nom[1]. A l'origine, toute langue est donc un voile imaginaire jeté sur les choses, un réseau mensonger qui interdit l'accès de leur réalité. A partir de là, le «discours», ivre de lui-même parce que rien ne le limite, et se fortifiant de son propre exercice, devient une formidable machine à légitimer les apparences qu'il sécrète lui-même. Apparence au second degré, apparence des apparences, il devient «l'authorité» sur laquelle reposent les «opinions» et les «creances»:

> Les opinions des hommes sont receues à la suitte des creances anciennes par authorité et à credit, comme si c'estoit religion et loy. On reçoit comme un jargon ce qui en est communement tenu; on reçoit cette verité avec tout son bastiment et attelage d'argumens et de preuves, comme un corps ferme et solide qu'on n'esbranle plus, qu'on ne juge plus. Au contraire, chacun à qui mieux mieux, va plastrant et confortant cette creance receue, de tout ce que peut sa raison, qui est un util soupple, contournable et accommodable à toute figure. (II-12 p. 539 a)

Le discours fait boule de neige: il s'enfle avec le temps, et il s'impose en raison de son volume et de son ancienneté. Mais à défaut de vérité, il a au moins le mérite de l'utilité: dans un univers privé de «fondements», il est le liant qui permet aux formes de se maintenir par leur seule cohérence interne:

---

nom vient après coup. Sebond après bien d'autres s'inspirait du texte fondateur d'Aristote dans le *Peri Hermeneias*, qui tout en faisant du nom le symbole conventionnel de la chose, ne mettait pas en doute la fiabilité de ce rapport. Voir M.-L. Demonet, op. cit. p. 87 sq.

[1] Ce chapitre «De la gloire» a besoin de cette démonstration: la gloire est le sentiment le plus vain parce qu'il repose sur un «nom».

> J'estime qu'il ne tombe en l'imagination humaine aucune fantasie forcenée, qui ne rencontre l'exemple de quelque usage public, et par consequent que nostre discours n'estaie et ne fonde; (I-23 p. 111 b)

> Nostre discours est capable d'estoffer cent autres mondes et d'en trouver les principes et la contexture. Il ne luy faut ny matiere ny baze; laissez le courre: il bastit aussi bien sur le vuide que sur le plain, et de l'inanité que de matiere, *dare pondus idonea fumo.* (III-11 p. 1027 b)

Le discours est «capable de donner poids à la fumée» de l'imagination, disait le poète, et voilà ce grâce à quoi les sociétés parviennent à durer:

> Nous ne sommes hommes et ne nous tenons les uns aux autres que par la parole. (I-9 p. 36 c)

Elle est le ciment friable qui fait tenir entre eux les «corps», dont on se souvient qu'il «s'appilent» au hasard pour former les sociétés:

> Nostre intelligence se conduisant par la seule voye de la parolle, celuy qui la fauce, trahit la societé publique. C'est le seul util par le moyen duquel se communiquent nos volontez et nos pensées, c'est le truchement de nostre ame [...]. S'il nous trompe, il rompt tout nostre commerce et dissoult les liaisons de nostre police. (II-17 p. 667 a)

Quelle dérision! Nous en sommes réduits à ne pas tromper le mensonge, à le respecter même, autant que faire se peut! Car, ayant usurpé la place de la réalité, le langage en a pris les pouvoirs, et par une perversion qui se donne pour l'ordre même des choses, il agit sur elles en retour et en leur lieu; sa force fait sa vérité de fait, et son imaginaire tout le réel. C'est lui par exemple qui cause les troubles sociaux: pour défendre une opinion pour soutenir le sens d'un mot, les hommes se lancent dans la chicane, dans les guerres, dans les révolutions:

> La plus part des occasions des troubles du monde sont grammairiennes. Nos procez ne naissent que du debat de l'interpretation des loix; et la plus part des guerres, de cette impuissance de n'avoir sçeu clairement exprimer les conventions et traictez d'accord des princes. Combien de querelles et combien importantes a produict au monde le doubte de sens de cette syllabe, HOC! (II-12 p. 527 a)

PUISSANCE DE LA GLOSE

Les querelles ici déplorées sont celles qui touchaient à la substantialité de l'eucharistie, aussi mystérieuse que celle de la «syllabe» qui prétend l'enclore. Le mal vient du besoin d'interpréter, inhérent au discours. «Le monde n'est que babil» (I-26 p. 168 a): ce constat désabusé était déjà celui d'Erasme, quand il dénonçait le *vaniloquium* de la scolastique, ou, dans sa *Lingua*, la *loquacitas*, le besoin de bavarder propre aux humains. Mais il croyait à l'existence d'une parole pleine, celle des Ecritures notamment, dont l'évidence éclatante devait suffire à dissiper l'obscurité de tous les commentaires. L'ambition des premiers Humanistes avait été d'abolir l'empire de la glose, et pour cela, ils avaient décrassé les textes anciens qui devaient être la seule référence, ils les avaient restaurés dans leur splendeur originelle, où éclaterait l'évidence de leur vérité. Montaigne constate l'échec de ce rêve[1]: les nouveaux savants ont au contraire permis à la glose de faire un nouveau retour, dont les guerres civiles sont la preuve désolante: chacun se bat pour défendre sa nouvelle interprétation des textes saints. A la fin des *Essais*, la condamnation revient, tout aussi amère:

---

[1] Echec perceptible chez Erasme lui-même, comme j'ai essayé de le montrer dans l'édition de ses *Préfaces au Novum Testamentum*, Genève, 1990.

> (b) Il y a plus affaire à interpreter les affaires les interpretations qu'à interpreter les choses, et plus de livres sur les livres que sur autre subject: nous ne faisons que nous entregloser. (c) Tout fourmille de commentaires; d'auteurs il en est grand cherté. (III-13 p. 1069)

Le «commentir»[1] des sciences est une sorte de cancer, qui, proliférant à la surface, non des seuls textes, mais des choses aussi, interdit de les connaître. Dans ses voyages, Montaigne a coutume de faire parler ceux qu'il rencontre «des choses qu'ils sçavent le mieux» pour en apprendre quelque vérité (I-17 p. 72 a); de même, voulant connaître la vérité sur le Nouveau Monde et ses «Cannibales», il s'en tint, prétend-il, au témoignage d' «un homme simple et grossier, [ce] qui est une condition propre à rendre veritable veritable tesmoignage», surtout que cet homme «estoit demeuré dix ou douze ans» outre-Atlantique (I-31 p. 205 et 203 a)[2]: c'était à coup sûr un informateur dont la parole ne déguiserait rien,

> car les fines gens remerquent bien plus curieusement et plus de choses, mais ils les glosent; et pour faire valoir leur interpretation et la persuader, ils ne se peuvent garder d'alterer un peu l'Histoire: ils ne vous representent jamais les choses pures, ils les inclinent et masquent selon le visage qu'ils leur ont veu. (p. 205 a)

«Choses pures» contre «glose», «homme grossier» contre «fines gens»: le choix semble aller de soi; mais il n'est si simple qu'en apparence, car si ces derniers sont gens de discours, et donc des falsificateurs, ils ont pour eux d'être meilleurs observateurs, leur témoignage est plus intelligent, plus complet.

---

[1] Sur ce terme, voir Yves Delègue, in *Le temps de la réflexion*, Paris, 1984.

[2] Même affirmation à propos des historiens: il aime «les simples qui n'ont pas de quoy y mesler quelque chose du leur, et qui n'y apportent que le soin et la diligence de r'amasser tout ce qui vient à leur notice, et d'enregistrer à la bonne foy toutes choses sans chois et sans triage» (II-10 p. 417 a).

«L'homme tres fidelle» consulté par Montaigne n'était peut-être pas assez «fin» pour tromper, mais son témoignage brut était partiel, inexact[1]. Le langage ment toujours, soit par excès, soit par défaut d'artifice. Trop riche, il farde le réel, trop pauvre, il le rate. Sa maîtrise suscite l'intelligence de son objet, en même qu'elle lui fait obstacle, mais son indigence en interdit également l'accès. Pour s'en sortir, peut-être suffit-il d'aller soi-même enquêter. A la fin du même chapitre, Montaigne raconte comment il obtint l'interview (la première dans notre littérature) d'un des trois Cannibales qui en 1562 débarquèrent à Rouen: il en tira quelques merveilleux traits de sagesse, mais la pureté du témoignage fut ternie par la «bestise» de l'interprète défaillant:

> Je parlay à l'un d'eux fort long temps; mais j'avois un truchement qui me suyvoit mal et qui estoit si empesché à recevoir mes imaginations par sa bestise, que je n'en peus tirer guiere de plaisir. (p. 214 a)

Décidément, on ne sort pas de la parole: elle jette sur les choses son voile toujours obscur.

L'EMPIRE DE LA RHÉTORIQUE

Le mal a été en quelque sorte légalisé par l'extension de la rhétorique. Montaigne vit son époque comme étant celle où

---

[1] C'est ce que prouve tout ce chapitre «Des cannibales». Montaigne assure n'avoir eu d'autre informateur que cet homme «simple et grossier», et de ne s'être pas enquis «de ce que les cosmographes disent». En réalité, voulant combattre les idées du «cosmographe» Thevet, qui avait écrit sur les Indiens du Brésil et sur l'équipée en 1557 de Villegagnon (occasion du chapitre), il eut d'autres sources: «Son essai (I-31) est un commentaire presque juxtalinéaire, et enthousiaste, des renseignements fournis par Léry» (G. Nakam, *Montaigne et son temps*, Paris, 1982, p. 62). Thevet et Léry s'étaient opposés, à propos de l'expédition de Villegagnon, sur la nature des sauvages, et pour défendre le parti qu'il croit juste, Montaigne ne craint pas de feindre une information neuve et impartiale. La polémique en lui ne fait pas toujours bon ménage avec la bonne foy, mais sa juste colère n'est pas feinte.

les Sophistes sont de retour: ce sont eux, les «fines gens» qui mentent pour le plaisir de l'interprétation et des phrases artistes. Les Humanistes en avaient réintroduit le goût, après des siècles de barbarie «gothique» qui avaient corrompu le latin, langue de la Vérité, et qui avaient par mépris laissé les langues vernaculaires proliférer dans l'éclatement anarchique d'un nouveau Babel. L'Humanisme avait réappris à parler, à écrire sur le modèle des grands Anciens; il avait fait revivre l'âge d'or de la pensée et de la langue[1].

Montaigne constate là encore le dommage[2]: on a plaqué du discours sur la réalité ou sur le vide. C'est la faute à ces «sottes arguties» (I-26 p. 171 a), à ces «arguties verbales» (III-12 p. 1040 c), à ces «ergotismes» dont on fait bruire «les escholes de la parlerie» (III-8 p. 927 b). Les coupables sont les Régents de Collège: l'art de la parole a été commis à des bouffons de basse extraction, qui font de la parole un moyen de s'enrichir et de se faire valoir:

> Nostre estude en France n'ayant quasi autre but que le proufit, moins de ceux que nature a faict naistre à plus genereux offices que lucratifs, [...] il ne reste plus ordinairement, pour s'engager tout à faict dans l'estude, que les gens de basse fortune qui y questent des moyens de vivre. (I- 25 p. 141 c)

Les Humanistes sont devenus ces «pedante»[3], que raillent les comédies. La rhétorique offre un moyen de vivre et de

[1] Erasme est l'un de ceux qui ont le plus œuvré à la restauration de la rhétorique, contredisant sa quête de la vérité d'évidence, qui échapperait à l'artifice du discours, ainsi que je le rappelais plus haut.

[2] Montaigne «humaniste»: il faut prendre la mesure de cet adjectif, lorsqu'on l'accole si aisément à Montaigne. En réalité, celui-ci a pris la mesure des illusions qui avaient suscité l'élan des premiers Humanistes: ces savants philologues, qui avaient mis tous leurs espoirs dans le renouveau des langues, n'avaient pas justement estimé jusqu'où ils pouvaient y déposer leur confiance.

[3] Le terme est italien, et il n'a pas encore pris au temps de Montaigne (cf. I-25, «Du pedantisme») sa valeur vraiment péjorative: il signifie «maître d'école».

parvenir, ce qui explique son abaissement: vulgarité et vulgarisation vont de pair[1]. Elle vise à charger la mémoire et se moque de la vérité. Faute de bijoux, on se pare de bigaille verbale pour tromper les publics d'ignorants. La rhétorique compose cette «suffisance estrangere» (III-8 p. 936 b), cette capacité empruntée qui indigne Montaigne[2]. «J'oy journellement dire à des sots des mots non sots» (id. p. 937 c).

L'école étant passée par là, il en résulte une inflation du métadiscours rhétorique, «jargon de galimathias» (I-25 p. 139 a), abus de termes techniques, dont se gonflent les imbéciles pour faire illusion:

> Oyez dire metonomie, metaphore, allegorie, et autres tels noms de la grammaire, semble-il pas qu'on signifie quelque forme de langage rare et pellegrin? Ce sont titres qui touchent le babil de vostre chambriere. (I-51 p. 307 b)

Nommer les artifices les artialise plus encore, et pour faire l'amour, le page de Montaigne n'a pas besoin de Ficin ou de Leon Hebreu:

> Je ne recognois pas chez Aristote la plus part de mes mouvemens ordinaires: on les a couverts et revestus d'une autre robbe pour l'usage de l'escole. (II-5 p. 874 b)

---

[1] Pas de noblesse d'esprit sans noblesse du rang et du sang. Montaigne, imbu de préjugés nobiliaires, ne perçoit pas l'aspiration au savoir des bourgeois de son temps. Sa famille en était pourtant l'illustration.

[2] Quelques années plus tard, Descartes éprouvera la même irritation, lorsqu'il rencontrera ce «vieillard un peu bavard» qu'il décrira dans une lettre à Beckman du 29 avril 1619: «Il se vantait de pouvoir user des règles de cet Art [l'*Ars brevis* de Raymons Lulle] avec un tel succès que, disait-il, il était capable, sur n'importe quel sujet, de discourir pendant une heure; puis, si on lui demandait de parler, une heure encore, sur la même matière, de trouver des propos tout à fait différents des précédents, et ainsi de suite pendant vingt heures de suite» (*Œuvres philosophiques*, Paris 1963, coll. Classiques Garnier, T.I, trad. F. Alquié, p. 43).

Faux procès, bien sûr! Montaigne s'abuse, quand il accuse le langage savant, comme s'il menaçait de contaminer le «babil» des chambrières, et jusqu'à ces mots «qui servent aux halles et Paris», dont Montaigne rêve parfois de se servir (I-26 p. 172 c). Cette atttaque contre le vocabulaire technique vise la fausse ivresse de la raison, coupable de tuer la parole vive, spontanée sous prétexte de la maîtriser; la rage réflexive falsifie l'objet de son analyse du seul fait qu'elle le met à la distance de ses concepts. Pantagruel avait déjà cuellement châtié l'Ecolier Limousin, parce qu'il jargonnait à la mode des universités parisiennes au lieu de parler sa langue «naturelle». Tandis que l'esprit se complaît à faire parade de science, il s'interdit la pensée jaillissante. L'objet du débat ne porte pas sur la validité de l'art rhétorique, mais sur l'utilité ou la nocivité de son retour.

Jadis, il servait à éduquer l'oralité, dont la fonction sociale était évidente pour tous; il dressait la parole agissante des discours publics. Or la Renaissance marque la fin progressive de l'oralité, et la rhétorique, redécouverte dans l'émerveillement à travers Cicéron, Quintilien et bien d'autres, devenait le code du bien écrire. L'oralité était en train d'être supplantée par l'écriture, qui, aux yeux de Montaigne, passe pour le déploiement et la victoire de l'artifice dans le langage. Il en vient ainsi à supposer que le temps dut exister d'une rhétorique première, naturelle, instinctive, où les figures n'étaient pas mensonges. Les chambrières en témoignent encore par leur babil, fait à leur insu des figures dont les sots se boursouflent. L'art est bon à condition qu'il s'ignore et ne se nomme pas, qu'il s'impose dans une sorte de nécessité instantanée: alors il vivifie, il exalte la pensée. Il en va de ces chambrières comme des «vrais poètes» pour qui, dira Nietzsche, «la métaphore n'est pas figure de rhétorique, mais une image qui se substitue au concept»[1]. Comme si pour

[1] *La naissance de la tragédie*, Paris, coll. Médiations p. 56. On pense encore à ce que Baudelaire appelait «la rhétorique profonde», ou encore aux «foudres primitives de la logique» auxquelles Mallarmé tentait

échapper à la rhétorique, il suffisait d'ignorer qu'on lui appartient!

> Le parler que j'ayme, c'est un parler simple et naïf [...], non pedantesque, non fratesque, non pleideresque, mais plustost soldatesque. (I-26 p. 172-3 a)

Il faut oublier les modèles qui font le «parler tardif» des orateurs en chambre – pédagogues, prédicateurs, magistrats –, dont l'oralité feinte, mimée dans des textes composés à loisir, ne vise qu'à gagner l'admiration. Avec eux, l'art du discours s'est perverti en l'art du spectaculaire.

L'attention portée par ces «artistes» à la langue leur fait négliger la chose dont ils devraient dégager la vérité. Ils ne s'intéressent qu'à la joliesse de leurs effets et de leurs «pointes»; ils ont fait de la langue l'idole d'un culte impie, dont les mots sont autant de fétiches. C'est le cas de «tant d'escrivains de ce siècle», notamment des poètes:

> Il ne s'y voit qu'une miserable affectation d'estrangeté, des déguisements froids et absurdes, qui, au lieu d'eslever, abattent la matiere. Pourveu qu'ils se gorgiasent en la nouvelleté, il ne leur chaut de l'efficace: pour saisir un nouveau mot, ils quittent l'ordinaire, souvent plus fort et plus nerveux. (III-5 p. 873-874 c)

C'est ainsi qu'on «artialise la nature». Montaigne sauve de ce désastre Ronsard et Du Bellay, qui ne sont «guieres esloignez de la perfection ancienne» (II-17 p. 661a), mais il déteste ce qu'il prend pour de l'esthétisme chez les poètes à la mode de son temps, ceux que nous appelons «baroques»: un forcènement vers l'expressivité, guidé, non par la fièvre du sens à capturer, mais par le souci d'assembler des

---

de soumettre son langage. Ces rapprochements répondent à la nécessité de l'histoire: la question de la rhétorique a traversé toute l'histoire de la pensée et de la littérature depuis la Renaissance.

marionnettes de discours, poupées sans corps ni âmes, qui se «gorgiasent» (se haussent du col, se rengorgent, dirions-nous) à l'imitation de leurs auteurs. Comme Alceste plus tard, Montaigne aurait préféré la chanson du roi Henri au sonnet du prétentieux Oronte.

Suffirait-il donc de supprimer la rhétorique, ou du moins la conscience qu'on en a, pour réconcilier les mots et les choses, et retrouver un état antérieur, où la langue n'était pas encore traîtresse? Aux poètes ses contemporains, Montaigne oppose ceux de l'antiquité: la différence tient au fait que les premiers ont inversé l'ordre des priorités:

> A ces bonnes gens, il ne falloit pas d'aigue et subtile rencontre; leur langage est tout plein et gros d'une vigueur naturelle et constante [...]. Quand je voy ces braves formes de s'expliquer, si vifves, si profondes, je ne dicts pas que c'est bien dire, je dicts que c'est bien penser. C'est la gaillardise de l'imagination qui esleve et enfle les parolles [...]. Horace ne se contente poinct d'une superficielle expression, elle le trahiroit. Il voit plus cler et plus outre dans la chose; son esprit crochette et furette tout le magasin des mots et des figures pour se representer [...}. Plutarque dit qu'il veid le langage latin par les choses; icy de mesme: le sens esclaire et produict les parolles; non plus de vent, ains de chair et d'os. (III-5 p. 873 b)

«Ces bonnes gens» ont cela de merveilleux pour nous, qu'ils respectaient l'ordre naturel qui devrait toujours exister entre les mots et les choses. Ils habitaient les choses et prenaient si intimement leur «parti», que pour les «representer», les mots «suivaient», tout simplement[1]: ceux-ci, logés dans le «magasin» de la mémoire, cédaient à l'appel de l'esprit

---

1 Le langage doit «suivre»: Montaigne avait déjà formulé ce mot d'ordre: «Que nostre disciple soit bien pourveu de choses, les parolles ne suivront que trop: il les trainera si elles ne veulent suivre [...]. C'est aux parolles à servir et à suyvre, et que le Gascon y arrive, si le François n'y peut aller» (I-26 p. 169, 171 a).

crocheteur, fureteur. De nos jours, la rhétorique est devenue si présente qu'elle précède l'image que nous recevons des choses, et qu'elle leur impose ses formes et donc déjà son contenu.

DIRE ET FAIRE

Il suffirait d'opérer un renversement pour que le «dire» ne soit plus un acte menteur, fictif, mais un «faire» réel. Cette dichotomie est de celles dont Montaigne se plaint le plus, du jour où l'écriture est devenue «l'amusement» de sa vie: elle menaçait directement la vérité de son projet.

> Le dire est autre chose que le faire: il faut considerer le presche à part et le dire à part, (II-31 p. 715 a)

et s'il arrive qu' «un meschant peut prescher la verité», il n'en reste pas moins que «c'est sans doute une belle harmonie quand le faire et le dire vont ensemble» (ibid.). Montaigne aime les écrivains-soldats, Xénophon et César sutout, qui «ont cherché à recomander non leur dire, mais leur faire» (I-40 p. 249 a), moins Cicéron et Pline qui ont voulu «tirer quelque principale gloire du caquet de la parlerie» (ibid.). Pour sa part, il rêve d'un parler qui serait de l'ordre d'un incessant performatif, à l'image du «parler soldatesque» tout entier tourné vers l'action et dépourvu d'ornement. Il voudrait que son engagement dans l'écriture engage aussi sa vie, de façon que ses «parolles», comme chez Plutarque tout à l'heure, soient «non plus de vent, ains de chair et d'os».

Une première façon d'y réussir consiste à leur fixer la fonction de surveiller les actes: écrire sa parole, c'est se lier par les mots. Publier ses «verves», c'est être tenu par elles devant un public de lecteurs sous peine de passer pour un fabulateur ou un provocateur:

> (b) Je me suis ordonné d'oser dire tout ce que j'ose faire, et me deplais des pensées mesmes impubliables [...]. La

> hardiesse de faillir est aucunement compensée et bridée par la hardiesse de le confesser. (c) Qui s'obligeroit à tout dire, s'obligeroit à ne rien faire de ce qu'on est contraint de taire. (III-5 p. 845)

L'écriture devient alors une forme d'auto-censure. Mais la soumission à cette morale de surface est-elle conciliable avec la «bonne foy»? On tait aux autres, on dissimule en soi l'irrecevable. Et surtout les mots se contentent de tracer une ligne de «contre-rolle» parallèle à la vie, au lieu de devenir la vie même. Montaigne fixe à son écriture la mission de lui révéler ce qu'il est; le faire qu'elle implique lui est «consubstantiel», à la différence de celui des «faiseurs de livres» ordinaires:

> Je n'ay pas plus faict mon livre que mon livre m'a faict, livre consubstantiel à son autheur, d'une occupation propre, membre de ma vie; non d'une occupation et d'une fin tierce et estrangere, comme tous autres livres. (II-18 p.665 c)

L'affirmation est célèbre: (s')écrire, c'est se faire, s'inventer. Pourtant, jusque dans l'accent de triomphe, on entend un ton moins glorieux: ce passage se trouve dans un contexe qui lui donne une portée étroitement morale, et malgré qu'il en ait, Montaigne est contraint ailleurs de s'avouer que, somme toute, lui aussi «fait» un livre, c'est-à-dire un acte de «papier»:

> Quel que je soye, je le veux estre ailleurs qu'en papier. Mon art et mon industrie ont esté employez à me faire valoir moy-mesme; mes estudes, à m'apprendre à faire, non pas à escrire. J'ay mis tous mes efforts à former ma vie. Voilà mon mestier et mon ouvrage. Je suis moins faiseur de livres que de nulle autre besoigne; (II-37 p. 784 a)

> S'il y a quelque personne [...] à qui mes humeurs soient bonnes, de qui les humeurs me soient bonnes, il n'est que de

> siffler en paume, je leur iray fournir des essays en cher et en os; (III-5 p. 844 b)

> Tel [...] faict des Essais qui ne sçauroit faire des effects. (III-9 p. 992 c)

Les «effects» du dire ne sont pas ceux du faire. Quand la nostalgie des effets traverse ainsi l'être de papier, c'est que la fusion espérée n'était qu'un rêve. La distance, qui loge le mensonge, ne sera jamais abolie. Après Montaigne, la littérature ne cessera de déplorer cette sorte de péché originel, qui semble la vouer au leurre. Les écrivains essaieront de justifier leurs jeux d'écriture devant les sociétés qui s'en moquent, jusqu'à cette fin du XIXe siècle où ils s'acharneront à casser leur jouet ou à le réinventer. Contraint de se prendre pour sa propre fin, le langage littéraire se sait voué à la fiction: la mauvaise foi, accumulée, ressassée depuis des siècles, compose son étoffe. La force des *Essais* fut d'être la première œuvre où cet anathème parvint à la conscience d'un auteur au point de nourrir l'essentiel de sa réflexion.

LE STYLE DU DOUTE

C'est pourquoi lorsque Montaigne avance la promesse d'un «livre de bonne foy», il entend d'abord en réduire l'exercice à un rôle négatif, purement défensif; il la relègue dans les marges de sa conscience, où elle monte la garde de la lucidité. Là, elle se contente d'y «mettre en rolle» les à-coups d'une complexion déréglée, d'«en contempler à son aise [s]on aise l'ineptie et l'estrangeté» (I-8 p. 33 a). Le «contre-rolle» qu'elle exerce ainsi a au moins le mérite de n'être nullement répressif. La vérité du langage consiste à laisser venir sans choisir, à recueillir les tâtonnements de l'âme, les boutées contraires de la pensée:

> Je me contredits bien à l'adventure, mais la verité, comme disoit Demades, je ne la contredy point. Si mon ame

> pouvoit prendre pied, je ne m'essaierois point, je me resoudrois. (III-2 p. 805 b)

La bonne foy est le versant moral du doute, et l'«essai» s'oppose à la «résolution». «Est il rien certein, resolu, desdeigneux, comtemplatif, grave, serieux come l'asne?», laisse tomber une fois Montaigne avec une superbe ironie (III-8 p. 938 c). L'être se présente à la conscience dans une incohérence qui ne sera jamais résolue, pas plus que la résolution n'est la vertu de la bonne conduite. Pour qu'il soit de bonne foy, l'essai exige donc une écriture elle aussi non «résolue», une écriture du doute. Mais qu'est-ce dire? Ce programme est-il applicable au langage tel qu'il est? Peut-on y faire entendre pour de vrai les tremblements du doute?

> Je voy les philosophes Pyrrhoniens qui ne peuvent exprimer leur generale conception en aucune maniere de parler: car il leur faudroit un nouveau langage. Le nostre est tout formé de propositions affirmatives, qui leur sont du tout ennemies. (II-12 p. 527 a)

Montaigne s'identifie de trop près aux Pyrrhoniens pour que ce regret et ce souhait ne soient pas aussi les siens. La vérité est dans le mouvement de la pensée, non dans ses résultats. Or, tel qu'il est «formé», tout langage impose à qui en use le protocole implicite de l'affirmation, ses «propositions» ne peuvent accueillir qu'une vérité déjà assurée d'elle-même. Nier, c'est encore affirmer. Parler interdit le mode du n'être-pas-encore, son acte se situe, qu'on le veuille ou non, dans la positivité, et il interdit le doute qui caractérise l'éclosion de la pensée, chemin faisant, chemin parlant, au gré des rencontres, des improvisations, au gré du questionnement qui seul constitue la vérité dont l'homme est capable.

L'*Apologie* illustre d'un bout à l'autre cette impossibilité. Montaigne prétend y appliquer le doute radical des Pyrrhoniens, mais il se contredit du seul fait qu'il l'affirme. Il ne cesse d'en appeler à «l'apparence», au «vray-semblable», qui étaient le recours des Académiciens, ces faux sceptiques qui se rangeaient au parti chaque fois le plus «probable»[1]. Même pour affirmer son pyrhonisme, il doit recourir aux formules de ces anti-pyrrhoniens:

> Il n'est rien en l'humaine invention où il y ait tant de verisimilitude et d'utilité. (p. 506 a)

> L'advis des Pyrrhoniens est plus hardy et quant et quant plus vraysemblable». (p. 561 a)

Rabelais avait déjà comiquement raillé l'impossibilité de parler qui paralyse le pyrrhonien conséquent, lorsque, dans le *Tiers Livre*, il soumettait le philosophe Trouillogan à la torture de l'interrogatoire que lui imposait Panurge en impatience de mariage. L'intelligence de Montaigne consiste à démontrer que toutes les philosophies, guidées par la recherche de la vérité, ont été prisonnières du langage assertif, mais que le doute se lit dans leur façon de recourir au dialogisme, à la contradiction ou au «style nubileux». Même Aristote, «le prince des dogmatistes» n'échappe pas à la règle: son obscurité est l'indice de son doute: «C'est un Pyrrhonisme sous une forme resolutive» (p. 507 a). La vérité du doute insiste sourdement pour se faire entendre dans le corps trouble de l'énonciation.

Montaigne a-t-il su inventer un style du doute, à l'imitation de celui de Platon et de Socrate, par exemple, qui «nous menent comme par la main, tacitement, à cette resolution de leur irresolution» (II-12 p. 545 a), c'est-à-dire désamorcent la charge affirmative des mots? A-t-il su découvrir «cette façon de respondre enquesteuse et non resolutive», à laquelle il eût dressé les enfants, s'il en avait eu

---

1 On se souvient (voir ci-dessus p. 107) que, même dans l'*Apologie*, «l'expérience» apportait ses leçons. Le «vraisemblable» en découle donc logiquement.

la charge (III-11 p. 1030 c)? Seule la forme interrogative du «que sçay je?» (et c'est tout le sens de la fameuse formule) est capable d'exprimer le doute à l'état pur, à condition que la question échappe à la rhétorique et ne soit pas la forme masquée d'une affirmation ou d'une négation. Mais à l'évidence on ne peut s'y tenir et s'en contenter. Même dans l'*Apologie*, où les questions se pressent, on n'en compte guère plus de quatre ou cinq qui soient véritables, c'est-à-dire dont la réponse demeure réellement suspendue:

> Qui sçait si en nous aussi il ne manque pas encore un, deux, trois et plusieurs autres sens? [...] Que sçait-on si le genre humain faict une sottise pareille, à faute de quelque sens, et que par ce defaut la plus part du visage des choses nous soit caché . (p. 588-9 a)[1]

La bonne foy en écriture consisterait à réaliser un «dessein enquerant plustost qu'instruisant» (p. 509 a). Pour cela, il faudrait inventer un mode d'écriture qui se détruirait en même temps qu'il se construirait, qui interdirait la clôture dans un système de pensée, qui imposerait l'ouverture du sens, sa relance indéfinie[2]. Ecrire le doute revient à explorer le «possible» du vrai: c'est ainsi qu'Aristote avait défini la poésie elle-même.

---

[1] Voici deux autres exemples de ces vraies questions: «Quand je me jouë à ma chatte, qui sçait si elle passe son temps de moy plus que je ne fay d'elle?» (p. 452); «[Les bestes] de ce qu'elles ont de particulier, que sçavons-nous que c'est?» (p. 467).

[2] D'où la grave erreur de tous ceux qui se sont efforcés de dégager «la pensée» de Montaigne sur quelque sujet que ce soit. L'introduction par Pierre Villey du concept d'évolution, pour tenter de mettre en ordre les contradictions du livre, n'a rien changé: on y voit un Montaigne soucieux de se fixer dans des systèmes successifs, avant de se ranger à un modèle de sagesse tranquille et gaie de son invention

CHAPITRE VIII

Les *Essais* de la «bonne foy»: Du regard à la poésie

Ce style du doute (à supposer qu'il soit praticable) ne serait pas encore le style de la vérité: écartant l'autre, menteur, il ouvrirait à celle-ci la route et permettrait seulement son retour. La question est donc de savoir si l'on peut retrouver l'état d'innocence de la langue, quand elle nommait le Paradis. Les étages extrêmes de la poésie en gardent semble-t-il encore des traces:

> La poësie populaire et purement naturelle a des naïvetez et graces par où elle se compare à la principale beauté de la poësie parfaitte selon l'art. (I-54 p. 313 c)

Les Cannibales, au jugement de Montaigne, avaient aussi des chansons pleines de la naïveté «anacréontique». Mais ces modèles, pour qui est de l'étage moyen, sont comme les proies leurrantes de Tantale: l'Antiquité n'est plus, et la culture a bouché les avenues de la simplicité naturelle.

L'ÉCRITURE-REGARD

Le moyen de s'en sortir le plus radical, à défaut d'être le plus honnête, était peut-être, comme devant la rhétorique, d'oublier que les *Essais* sont un livre à lire, de faire comme s'ils étaient rédigés dans une écriture blanche, purement figurale. Dès l'Avis qui lui était adressé, le lecteur était lancé sur cette piste biaisée, on s'en souvient, et un peu plus loin, le chapitre «De l'oisiveté» révélait la face interne de ce dessein: submergé par «les monstres et chimeres fantasques» de son esprit, Montaigne s'était retiré dans l'arrière-boutique de son regard pour en «contempler à [son] aise l'ineptie», tandis que sa main les mettait «en rolle». L'écriture se faisait regard, elle cristallisait en quelque sorte dans les mots les choses vues dans le réel ou dans la pensée, comme si le passage de la vision au langage transposait l'original sans qu'il fût en quelque manière modifié ou trahi. Le «rolle», c'était le «registre» où le scribe fidèle consigne l'état des choses, c'était le support indifférent qui les capte et les reproduit en toute innocence:

> En fin, toute cette fricassée que je barbouille icy n'est qu'un registre des essais de ma vie. (III-13 p. 1079 b)

> Aux fins de renger ma fantasie à resver mesme par quelque ordre et projet, et la garder de se perdre et extravaguer au vent, il n'est que de donner corps et mettre en registre tant de menues pensées qui se presentent à elle. J'escoute à mes resveries par ce que j'ay à les enroller. (II-18 p. 665 c)[1]

«Enregistrer», «enroller», c'était donc tout de même ajouter du poids, «donner corps», un corps «solide» (II-37 p. 783 a) à ce qui n'est que vent ou fumée: *dare pondus idonea fumo*, disait Perse cité, on s'en souvient, par Montaigne. Car

> [l'esprit] est un corps vain, qui n'a par où estre saisi et assené; un corps divers et difforme auquel on ne peut asseoir nœud ny prise. (II-12 p. 559 a)

Le regard a du mal à fixer l'esprit, ce «corps vain» qui recueille le fantasme de tous les corps. Sous la dictée du regard, l'écriture «enrolle» cette proie et s'en saisit. Nous connaissons le procédé: le mal sert de remède au mal. Le «corps» de l'écriture est lui aussi une «resverie», mais qui

---

[1] «L'art n'est autre chose que le contrerolle et le registre des productions de telles ames» [bien nées] (III-3 p. 824 b); «Je ne puis tenir registre de ma vie par mes actions [...], je le tiens par mes fantasies» (III-9 p. 946 b).

donne consistance à des rêveries encore plus évanescentes qu'elle, et les «crotesques» vaines qu'elle trace sur la page ont au moins le mérite de fixer le vide autour duquel elles s'enroulent.

Mais l'opération n'est peut-être pas aussi simple qu'elle semble. En effet les pensées sont à ce point difformes et mouvantes, que la main guidée par le regard ne peut pas en suivre les agitations. Se peindre, c'est forcément capturer une succession d'instantanés (des «essais»), et donc leur imposer une contrainte, leur donner de l'apprêt. Montaigne avait pensé qu'il lui serait «loisible de se peindre de la plume» comme René, Roi de Sicile, avait usé du «creon» [crayon] pour réaliser l'auto-portrait dont il avait fait présent à François I (II-17 p. 653 a). Mais toute ressemblance est une reconstitution, et il n'est pas de double qui ne mente:

> Encore se faut-il testonner, encore se faut-il ordonner et ranger pour sortir en place. Or je me pare sans cesse, car je me descris sans cesse. (II-16 p. 378 c)

> Moulant sur moy cette figure, il m'a fallu si souvent dresser et composer pour m'extraire, que le patron s'en est fermy, et aucunement formé soy-mesmes. Me peignant pour autruy, je me suis peins en moy de couleurs plus nettes que n'estoient les miennes premieres. (II-18 p. 665 c)

Impossible de donner forme à l'informe sans le déformer. Décrire, c'est «ordonner», «ranger», «dresser, «composer» un «patron» qui se «fermit» et se «forme» autre qu'il n'est; on ne peut écrire sans styliser, sans tuer ce dont on voudrait représenter la vie. Il l'avoue à Madame de Duras, qui était venue le surprendre tandis qu'il rédigeait le dernier chapitre du Livre II: «Cette peinture morte et muette desrobera à mon estre naturel» (p. 784 a).

Disons autrement que Montaigne «enrolle» moins ses «resveries» qu'il ne les «contrerolle», pour reprendre le terme qu'il affectionne:

> Chacun regarde devant soy; moy, je regarde dedans moy: je n'ay affaire qu'à moy, je me considere sans cesse, je me contrerolle, je me gouste. (II-17 p. 657 a)

> C'est une espineuse entreprise, et plus qu'il ne semble, de suyvre une alleure si vagabonde que celle de nostre esprit [...]. Il y a plusieurs années que je n'ay que moy pour visée à mes pensées, que je ne contrerolle et n'estudie que moy. (II-6 p. 378 c)

Se «contreroller» n'est pas se censurer. On a lu plus haut que Montaigne «escoute à ses resveries» du seul fait qu'il s'oblige à les «enroller». Un sens servant de métaphore à l'autre, l'écriture écoute le regard, elle l'oblige à un pli supplémentaire, et le dote ainsi d'une vertu herméneutique, grâce à laquelle il brise les surfaces, les «escorces» et «sonde le gué» jusqu'à «l'essence»:

> Je m'estalle entier: c'est un *skeletos* où, d'une veuë, les veines, les muscles, les tendons paroissent, chaque piece en son siege [...]. Ce ne sont mes gestes que j'escris, c'est moy, c'est mon essence. (II-6 p. 379 c)

Il en est ainsi parce que l'écriture est l'instrument d'un stratagème innocent: laisser la main courir sur le papier sous couleur de s'amuser à capter l'inutile, c'est une façon de retenir le «cheval eschappé» qui emporte l'esprit, d'apprivoiser, de désarmer sa méfiance. Il se pourrait, après tout, que le vide voile le plein de la substance. Montaigne se joue la parabole d'Animus et Anima que Claudel nous a contée a propos de Rimbaud[1], celle aussi peut-être de

---

[1] Dans *Positions et propositions*, Paris, 1928, p.55-57

l'inconscient capturé dans le discours. Il se surprend lui-même sans en avoir l'air, il «se guette», il «s'épie»:

> Chacun est à soy-mesmes une très-bonne discipline, pourveu qu'il ait la suffisance de s'espier de près. (II-6 p. 377 a)

> Moy qui m'espie de plus prez, qui ay les yeux incessamment tendus sur moy ... (II-12 p. 565 a)

L'écriture-regard est l'outil du jugement, qui est lui-même l'outil que Montaigne, sujet-propriétaire, «promene» dans la campagne environnante pour y reconnaître ses possessions perdues:

> Le jugement est un util à tous subjects, et se mesle par tout. A cette cause, aux essais que j'en fay icy, j'y emploie toute sorte d'occasion [...]. Tantost je le promene à un subject noble et tracassé. (I-50 p. 301 a)

Mais l'écriture se prend à son propre piège: elle convie la mémoire à s'infiltrer dans les failles de la surface qu'elle fouaille, dans l'espoir de faire enfin coïncider le sujet avec lui-même. Or, ce faisant, elle est ce qui crée la distance du repli et rend la fusion impossible. S'écrire, c'est en fait se poursuivre à perte de vue dans le mouvement linéaire de la plume, au terme de quoi (la mort?) l'être de papier n'aura jamais rejoint l'être de chair et d'os qu'il sommait cependant de paraître devant le jugement. Montaigne expérimentait la réalité de ces lignes asymptotiques dont le mathématicien Jacques Peletier lui avait un jour assuré l'impensable existence:

> [il] me disoit chez moy qu'il avoit trouvé deux lignes s'acheminans l'une vers l'autre pour se joindre, qu'il verifioit toutefois ne pouvoir jamais, jusques à l'infinité, arriver à se toucher. (II-12 p. 571 a)

Contradiction insupportable: l'écriture est le leurre pour un gibier qu'elle imagine à sa guise et qu'elle maintient finalement hors de sa prise! Montaigne enrage parfois de cet imbroglio, et il ne voit d'autre remède pour en sortir que d'effacer dans la conscience l'image des mots dont les livres sont pourtant faits:

> Je veus que les choses surmontent, et qu'elles remplissent de façon l'imagination de celuy qui escoute, qu'il n'aye aucune souvenance des mots. (I-26 p. 171 a)

> Je sçay bien, quand j'oy quelqu'un qui s'arreste au langage des Essais, que j'aimeroye mieux qu'il s'en teust. Ce n'est pas tant eslever les mots, comme c'est deprimer le sens, d'autant plus picquamment que plus obliquement [...]. Et combien ay-je espandu d'histoires qui ne disent mot, lesquelles qui voudra esplucher un peu ingenieusement, en produira infinis Essais. (I-40 p. 251 c)

Le silence ferme l'horizon de la littérature; au lecteur de la prendre en charge, de la prolonger dans une sorte de parole intérieure et muette, où le regard ne s'alourdit plus du «corps» de l'écriture. Mais comment l'écrivain pourrait-il longtemps se blottir dans ce brouillard aveugle, où la mauvaise foi dissimule à la conscience que les mots ont eux aussi leur mot à dire, contenu dans leur épaisseur et leur mouvement?

L'ÉCRITURE-PAROLE

C'est pourquoi Montaigne reconnaît que, si les mots ne se laissent pas gommer facilement, il faut par honnêteté leur laisser la parole. Car celle-ci, quand elle ne se surveille pas et surgit à l'improviste, ignore la distance du regard. Montaigne se croit plus doué pour parler que pour écrire:

> Comme à faire, à dire aussi je suy tout simplement ma forme naturelle: d'où c'est à l'adventure que je puis plus à parler qu'à escrire. Le mouvement et action animent les parolles, notamment à ceux qui se remuent brusquement, comme je fay, et qui s'eschauffent. (II-17 p. 638 a)

> Je ne me tiens pas bien en ma possession et disposition. Le hasard y a plus de droict que moy. L'occasion, la compaignie, le branle mesme de ma voix tire plus de mon esprit, que je n'y trouve lorsque je le sonde et employe à part moy. Ainsi les paroles en valent mieux que les escripts, s'il peut y avoir chois où il n'y a pas de pris. (I-10 p. 40 b)

Pour redonner vie à sa «peinture morte et muette», il suffit peut-être d'écrire comme on parle, et le thème de la parole-écriture est l'un de ceux que Montaigne reprend souvent sans chercher à le concilier avec le précédent. A l'en croire, il écrit (peint) comme il parle, il jette sur son registre un «parler simple et naïf, tel sur le papier qu'à la bouche» (I-26 p. 171 a). «Je parle au papier comme je parle au premier que je rencontre» (III-3 p. 790 b). Ses pensées bouillonnantes lui viennent à la bouche tandis que son corps se remue jusque dans sa «libairie»: «Tout lieu retiré requiert un proumenoir. Mes pensées dorment, si je les assis» (III-3 p. 828 c)[1]. Halo du sens irradié par le corps, la parole «prompte», «naturelle» a gardé les traces de l'innocence originelle.

Mais le prix de la parole tient à une qualité plus secrète, plus pure: la voix, qui, émanée de l'intériorité de la gorge ou du ventre, rend sensible la profondeur du sujet vivant qui l'énonce. Montaigne est très attentif à la teneur du ton et du son, «images menues et superficielles», «vaines escorces», mais qui portent à qui sait les déchiffrer la part essentielle du sens:

---

[1] Quand il est à cheval, notamment, où naissent ses «plus folles resveries, plus folles», et où il prend «tout loisir de [s]'entretenir [lui]mesme» (III-5 p. 876 b), regrettant de ne pouvoir les confier à sa trop faible mémoire pour les transcrire.

> Le son mesmes des noms qui nous tintouine aux oreilles: Mon pauvre maistre! ou, Mon grand amy! Helas! mon cher pere! ou, Ma bonne fille! quand ces redites me pinsent et que j'y regarde de pres, je trouve que c'est une plainte grammairienne et voyelle. Le mot et le ton me blessent. Comme les exclamations des prescheurs esmouvent leur auditoire souvant plus que ne font leurs raisons». (III-4 p. 837 b)

> Le ton et le mouvement de la voix a quelque expression et signification de mon sens; c'est à moy à le conduire pour me representer. Il y a la voix pour instruire, voix pour flater, ou pour tancer. (III-13 p. 1088 b)

La voix a ceci de merveilleux et de fragile que son pouvoir est éphémère, elle meurt aussitôt qu'énoncée. Le sujet y manifeste sa présence que l'écriture et la peinture ratent à coup sûr, et ce dévoilement ne peut survivre que dans la reprise perpétuée de chacun de ses présents, aux deux sens du terme.

Faire entendre l'oralité dans l'écriture est sans aucun doute l'un des soucis majeurs de Montaigne[1]. Mais comment y parvenir, ou à tout le moins en donner le simulacre? Car il ne suffit pas d'affirmer qu'on écrit comme on parle, ou d'affirmer à Madame de Duras (quitte à se contredire dans le même propos!) qu'elle reconnaîtra «ce mesme port et ce mesme air [qu'elle avait] veu en sa conversation» (II-37 p. 783 a), encore faut-il que des lèvres à la page la voix ne s'évapore pas. Or du Montaigne «langagier» (III-5 p. 870 c), c'est-à-dire bavard, bien qu'il ne parlât «qu'en bon escient»

[1] La littérature du XVIe siècle a été traversée, suscitée par la nostalgie de l'oralité, au moment où celle-ci était en train de se perdre dans l'écriture. L'intervention de Malherbe dans le champ de la poésie et sa «réforme» n'ont de sens que si l'on y voit la résignation à l'écriture, avec ce qu'elle imposait de contraintes et de restrictions. Par la suite la littérature ne cessera de pasticher la parole vive, comme pour rendre hommage à ce qui en elle avait disparu. Valéry dira encore du poète: «Son oreille lui parle» (*Cahiers 6*, Paris, 1958, CNRS, p. 686). «J'escoute à mes resveries parce que j'ai à les enroller», disait Montaigne.

(I-17 p. 637 a), du Montaigne au «parler un peu delicatement jaloux d'attention et de silence» (III-5 p. 876 b), nous n'entendons plus le son de la voix «vive et bruyante» (III-11 p. 1028 c), «haute et efforcée» (III-13 p. 1087 b) et qui «s'eschauffe» aisément, même si parfois la phrase semble trembler sous l'afflux des mots comme en sa bouche. A tout le moins, avons-nous des marques d'oralité dans sa langue? Une étude fait défaut, qui décrirait les normes du style oral en ces temps. En son absence, on peut toutefois assurer que les *Essais* relèvent du style écrit, surveillé, corrigé. Les pages de l'Exemplaire de Bordeaux montrent à l'évidence un auteur scrupuleusement attentif à la précision de ses termes, à la correction de ses phrases et à leur rhétorique. Quand celle-ci lui fait défaut, il peut souhaiter que «le Gascon y arrive, si le François n'y peut aller» (I-26 p. 171 a), mais sa langue ne comporte pas de provincialismes notables, qui pourraient être les marques d'une langue non écrite[1]. Il peut se défendre d'être un «faiseur de livres», il sait bien qu'on ne s'affranchit pas des contraintes de l'écriture.

L'IMITATION DE LA PAROLE

Pour s'en sortir au mieux, Montaigne allait à nouveau profiter de sa «condition singeresse»; il se prendrait comme interlocuteur, il jouerait avec lui-même le jeu de «l'entretien». Ce terme est encore l'un de ceux dont il aime se servir pour définir son dessein: il s'en prend vertement à ceux

[1] Etienne Pasquier raconte qu'aux Etats de Blois, en 1588, où il rencontra Montaigne, il lui fit remontrance de certaines «locutions» et constructions où «l'on recognoissoit [...] je ne sçay quoy du langage Gascon». Mais il fut quelque peu mortifié de constater que Montaigne n'avait prévu aucune correction en ce sens pour l'édition qu'il projetait et que Melle de Gournay réalisa après sa mort (ed. Villey-Saulnier p. 1207-1208). Les exemples que relève Pasquier ne caractérisent pas la langue orale. Montaigne ne pratiquait aucun des dialectes qui entouraient sa province, pas même ce Gascon parlé «vers les montagnes», qu'il trouvait cependant «singulierement beau, sec, bref, signifiant, et à la verité un langage masle et militaire» (II-17 p. 639 a).

> qui ne se tastent que superficiellement; qui se voyent après leurs affaires; qui appellent resverie et oysiveté s'entretenir de soy. (II-6 p. 380 c)

> Et quand personne ne me lira, ay-je perdu mon temps de m'estre entretenu tant d'heures oisfves à pensements si utiles et aggreables? [...] Nature nous a estrenez d'une large faculté de nous entretenir à part. (II-18 p. 665 c)

«S'entretenir à part», c'est se dédoubler suivant le «commandement paradoxe» de Nature. Il suffisait d'appliquer à l'écriture les règles de la «conférence», qui fait le sujet du chapitre des *Essais*, dont Pascal dira que Montaigne est «l'incomparable auteur de l'Art de conférer» (III-8). «S'entretenir», c'est faire débattre Montaigne avec Michel, et Michel avec le monde, comme dans une joute oratoire où l'âpre loyauté assure la bonne foy sans concession:

> J'ayme entre les galans hommes qu'on s'exprime courageusement, que les mots aillent où va la pensée [...]. Je festoye et caresse la verité en quelque main que je la trouve, et m'y rends alaigrement, et luy tends mes armes vaincues, de loing que je la vois approcher. (p. 924 b)

Il suffit d'être face à soi dans un rapport «de societé et familiarité forte et virile qui se flatte en l'aspreté et vigueur de son commerce» (ibid.). Montaigne serait pour lui-même l'ami perdu, même si la dualité sur laquelle repose «l'entretien» (cette façon de se tenir face à soi-même) exclut toute fusion ailleurs que dans la vérité.

La forme du dialogue a tenté Montaigne, et il s'intéressa à Platon sur le tard, parce que ses «dialogismes», même s'il les trouvait parfois un peu «trainans» (II-10 p. 414 c), mettaient en écriture l'oralité de débats fictifs. Le leurre avait en outre le mérite d'accueillir la diversité contradictoire des pensées et d'inventer le seul style capable d'exprimer la vérité du doute:

> Le conducteur de ses dialogismes, Socrates, va tousjours, demandant en esmouvant la dispute, jamais l'arrestant, jamais satisfaisant [...]. Platon me semble avoir aymé cette forme de philosopher par dialogues, à escient, pour loger plus decemment en diverses bouches la diversité et variation de ses propres fantasies. (II-12 p. 509 c)

Montaigne était déjà tout entier dans Platon. Il aurait aimé écrire dans le genre à la mode des lettres[1], non pas les «ceremonieuses, qui n'ont autre substance que d'une belle enfilure de paroles courtoises», mais celles qui vont droit au but:

> (a) C'est un ouvrage auquel mes amys tiennent que je puis quelque chose. (c) Et eusse prins plus volontiers ceste forme à publier mes verves, si j'eusse eu à qui parler. (I-40 p. 252)

Aussi, plutôt que de «negocier au vent» comme d'autres et de «forger des vains noms à entretenir en chose serieuse», Montaigne a fait de lui-même son propre destinataire. La forme dialoguée structure un grand nombre de ses chapitres, tous ceux, simples, qui font se succéder les arguments ou les exemples *pro et contra* à l'occasion d'un cas d'expérience, d'une notion, ou ceux, complexes, qui débattent d'enjeux plus larges. Il met discrètement en scène nombre d'interlocuteurs fictifs, désignés le plus souvent par des pronoms indifférenciés (tu, vous, ils, on, nous), parmi lesquels il se situe à l'occasion, mais auxquels il oppose aussi le «je» du moment: tous personnages qu'il fait dialoguer, à défaut de les accorder[2].

---

[1] L'espagnol Antonio Guevara avait donné un exemple aussitôt célèbre du genre épistolaire avec ses *Epîtres dorées* (1539-1542). Montaigne en possédait un exemplaire.

[2] Impossible d'entrer ici dans le détail. Une remarque, cependant: Montaigne n'est pas responsable de la disposition en paragraphes, toujours la même, des éditions courantes; il avait disposé son texte d'un seul tenant: «C'est l'indiligent lecteur qui pert mon subject, non pas moy», et il ajoutait, désinvolte: «j'entends que la matiere se distingue de soy-mesmes. Elle montre assez où elle se change, où elle conclud, où elle commence»

Lire les *Essais*, c'est entendre ce concert des paroles dissonnantes, dont la voix est à jamais éteinte, mais dont la force tient à l'efficace de mots qui ne se laissent pas oublier. Montaigne rêvait d'un «parler succulent et nerveux, court et serré» (I-26 p. 171 a), qui, faisant l'économie des mots inutiles, se tiendrait aux bords silencieux de l'être, d'un parler qui s'esssaierait à capter «la force meure et constante» (I-37 p. 232 c) des poètes qu'il aimait. Le recours au regard et à la parole vive masquait son ambition plus haute, qui était de découvrir une forme inouïe de poésie, où la «bonne foy» trouverait enfin à s'expérimenter.

LA PROSE, «IDÉE DE LA POÉSIE»[1]

Revenons encore sur ce passage essentiel, où Montaigne, désespérant de saisir la réalité de l'expérience, déclare se résigner à connaître «le tour de l'humaine capacité»[2]:

> Ainsi en l'estude que je traitte de noz mœurs et mouvemens, les tesmoignages fabuleux, pourveu qu'ils soient possibles, y servent comme les vrais [...]. Il y a des autheurs, desquels la fin c'est dire les evenemens. La mienne, si j'y sçavoye advenir, seroit dire sur ce qui peut advenir. (I-21 p. 105-106 c)

Il faut donner à cette addition tardive la valeur d'une illumination encore hésitante devant l'audace qu'elle contient: Montaigne y formule, me semble-t-il, ce vers quoi avait tendu toute sa course antérieure sans qu'il l'ait su clairement. Il écarte les historiens et autres mémorialistes, ces auteurs dont il faisait naguère «sa droite balle» (II-10

(III-9 p. 994-995 b). Les éditeurs posthumes ont obscurci les «liaisons» du texte par un découpage le plus souvent absurde, et l'on souhaite une nouvelle présentation qui, pour le lecteur toujours paresseux, adopterait une disposition fidèle aux articulations dialogiques.

[1] On lira avec profit l'étude de Gisèle Mathieu-Castellani, *Montaigne - L'écriture de l'essai* (Paris, 1988), notamment, concernant le dessein poétique de Montaigne, le chapitre I-4, «Le modèle de la poésie».

[2] Cf. supra p. 108-109 et 162-163.

p. 416 a), et dont la fin est de «dire les evenemens» . La critique de l'expérience a porté ses fruits: puisque la relation des choses humaines n'est jamais fiable, reste à s'occuper du «possible», c'est-à-dire de «ce qui peut advenir».

L'allusion était claire pour les contemporains éclairés de Montaigne, qui avaient tous lu dans la *Poétique* d'Aristote le passage où le Philosophe, fidèle à sa distinction de l'acte et de la puissance, opposait l'historien au poète: «La différence entre le chroniqueur et le poète ne vient pas de ce que l'un s'exprime en vers et l'autre en prose (on pourrait mettre en vers l'œuvre d'Hérodote, ce ne serait pas moins une chronique en vers qu'en prose); mais la différence est que l'un dit ce qui a eu lieu, l'autre ce qui pourrait avoir lieu; c'est pour cette raison que la poésie est plus philosophique et plus noble que la chronique: la poésie traite du général, la chronique du particulier»[1]. Les poètes du temps connaissaient bien le passage[2]. Ronsard par exemple l'avait utilisé plusieurs fois pour défendre la *Franciade*, son épopée, que certains accusaient de ne pas être historique, et il déclarait non sans mépris «laisser la veritable narration aux Historiographes». Ainsi, la vérité n'était pas dans l'exactitude du fait, mais dans l'exposition de la «puissance», du «possible», qui donne accès à la science du «général», à la «substance» des choses. Seul le poète en est capable, qui n'a pas le nez collé sur l'expérience, mais en dégage sa vue pour en dégager le sens. Peut-être même n'est-il de science que celle du poète, parce qu'il sait extraire du mensonge de l'apparence le «possible» de la vérité et l'exprimer par la fiction. Car l'erreur même a sa

---

[1] Chapitre 9, 51 a, b. Trad. R. Dupont-Roc, J. Lallot, Paris, 1980.

[2] Préface de la *Franciade* (1587), *Oeuvres complètes*, Paris, 1958, coll. Pléïade, t.2 p. 1018. Autres allusions p. 1009, 1010, 1011, 1019. J'ai proposé d'expliquer l'opposition entre *Les Antiquitez de Rome* et *Les Regrets* de Du Bellay par référence à ce texte d'Aristote, qui est au cœur des conceptions de la poétique au XVIe siècle. Voir Y. Delègue, «Les Regrets et Les Antiquités de Rome: au-delà de Platon et d'Aristote», in *Joachim Du Bellay - La poétique des recueils romains*, Paris, 1994, Cahiers Textuel, n° 14.

vérité qui la fait être. Il y avait là de quoi justifier une tentative, celle des *Essais*, qui désespérait des choses et du langage. Montaigne a loué Homère, qu'il plaçait parmi les trois «plus excellens hommes», parce que

> ses paroles, selon Aristote, sont les seules qui ayent mouvement et action; ce sont les seuls mots substantiels. (II-36 p. 753 a)[1]

Ces «mots substantiels» sont ceux dont il rêve pour lui-même, et qu'il aime «ruminer», on s'en souvient, quand il lit les vers de Lucrèce ou de Virgile, parce que, «le sens eclaire et produict les parolles, non plus de vent, ains de chair et d'os».

La poésie a donc à faire avec la Vérité, la poésie au sens le plus large du terme. Dans le texte d'Aristote, une affirmation touchait de plus près encore Montaigne, celle qui enlève aux professionnels du vers le monopole de la poésie: la prose en est même peut-être d'autant plus capable qu'elle n'est pas gênée par les contraintes de la métrique, par les formes d'un «art» préfabriqué. Les *Essais* sont à lire comme un art du poétique; les limites traditionnellement admises entre la prose et la poésie tendent à s'y estomper. On sait à quel point celle-ci avait été codifiée dans les divers «arts de rhétorique seconde» du siècle précédent et du XVIe en son début: était poète celui qui s'assujettissait aux règles minutieuses réglant les différentes formes de poèmes. La *Défense et Illustration de la langue française* (1549) avait pris les choses de bien plus haut, faisant scandale et Du Bellay, rompant avec l'esthétique dominante, avait prétendu inventer dans les *Regrets* une langue où les marques de la poésie ne seraient plus discernables:

> Ainsi veux-je, Paschal, que ce que je compose
> Soit une prose en ryme, ou une ryme en prose (sonnet 2).

---

[1] Montaigne cite ici Plutarque de loin: c'est ce dernier qui ajoute ce jugement sur la valeur «substantielle» des mots homériques

Telle est la mouvance dans laquelle Montaigne s'inscrit: il rêvait de débarrasser à la fois la poésie de ses contraintes artificielles et la prose de son prosaïsme «chosiste», il fallait inventer, au-delà des clivages usuels, un palier dans la langue (un «estage moyen», ni vers ni prose, les deux à la fois), où elle accoucherait de la «substance». Cet idéal sera encore celui que formulera Walter Benjamin à quatre siècles de là: «L'Idée de la poésie est la prose»[1].

LA FORCE DE L'INSPIRATION

Si le vers ne fait pas la poésie, à quoi la reconnaître dans la prose? A «l'air de sa fureur», répond Montaigne dans une déclaration fameuse:

> (b) Mille poëtes trainent à la prosaïque; mais la meilleure prose ancienne (c) (et je la seme ceans indifferemment pour vers) (b) reluit par tout de sa vigueur et hardiesse poetique, et represente l'air de sa fureur. Il luy faut certes quitter la maistrise et preeminence en la parlerie. (III-9 p. 995)

Voilà esquissé l'idéal d'une prose poétique, que sa «hardiesse» interdit de confondre avec la «parlerie» vulgaire. La «fureur» y emporte la langue au-delà des modèles reçus. Le terme renvoie à la théorie platonicienne des quatre fureurs, remise en honneur par la Pléïade notamment[2]: les dieux

---

1 *Le concept de critique dans le romantisme allemand*, Paris, trad. Ph. Lacoue-Labarthe, A.-M. Lang, p. 150. S'inspirant de Schlegel, Benjamin pensait que le roman, «en tant que somme de toute poésie [...] désigne tout l'absolu poétique» (id. p. 150). Les *Essais* comme roman: Aragon a dit du roman qu'il est un art de «la parenthèse», cette «invention de l'homme», qui du temps de Montaigne se nommait «digression» (nous allons y venir); et Aragon ajoutait: «Le roman *allégé* de ce qui n'est pas nécessaire à l'histoire principale devient une pierre lourde, et roule dans le puits. La parenthèse en est ce que l'on appelle aussi bien la *poésie*. Le merveilleux inutile» (*Aragon parle*, Seghers, Paris, 1968, p. 52, 54). Ces rapprochements ne me semblent pas arbitraires: c'est une même «Idée» qui a traversé les siècles.

2 Ces quatre fureurs obéissaient à quatre divinités, les Muses pour la poésie, Bacchus pour l'ivresse, Apollon pour la prophétie et Vénus pour

disposaient de plusieurs «folies» pour balayer le doute, et regénérer le sujet qu'ils aliénaient, dépossédaient au profit d'une parole de vérité. Dans l'*Apologie*, Montaigne y voit le seul recours pour échapper au scepticisme: il suffit d'abandonner les prérogatives de la raison, en accord avec la philosophie elle-même, qui en vient

> à estimer des hommes qu'ils produisent leurs plus grands effecs plus approchans de la divinité, quand ils sont hors d'eux et furieux [...]. Les deux voies naturelles pour entrer au cabinet des Dieux et y preveoir le cours des destinées sont la fureur et le sommeil. (p. 568 c)

Empédocle était «agité d'une divine fureur et forcé de la verité» (id. p. 510 b), mais c'est surtout Platon qui retient Montaigne, en raison non de son platonisme, mais des «nuages poetiques» qui font de sa langue «le jargon des Dieux» (id. p. 544 c). L'«air» du poétique est perceptible moins par ce qui est dit que par l'élan du langage. La manière, et non la matière: cette distinction est l'un des dogmes essentiels de Montaigne, qui en avertit son lecteur:

> Qu'on ne s'attende pas aux matieres, mais à la façon que j'y donne. (II-10 p. 408 a)[1]

Le bon chasseur ne se reconnaît pas au nombre de ses prises, mais à son art du guet et de la poursuite. C'est pourquoi, il faut déceler la marque de la poésie jusque dans les sophismes de «la philosophie»:

---

l'amour. Pontus de Tyard, dans *Le Solitaire premier* (1552) avait vulgarisé cette théorie. Sur la place de l'inspiration dans la littérature du XVI° siècle, on se reportera au livre (lui-même inspiré) de Terence Cave, *The Cornupian Text: Problems of Writing in the French Renaissance*, Oxford, 1979. Il faut s'interroger sur le retour de cette théorie à cette époque, au lieu de s'en débarrasser sous prétexte qu'elle était devenue un lieu commun.

1 «Autant peut faire le sot celuy qui dict vray, que celuy qui dict faux: car nous sommes sur la maniere, non sur la matiere du dire» (III-8 p. 928 b).

> Et certes la philosophie n'est qu'une poësie sophistiquée. D'où tirent ces auteurs anciens toutes leurs authoritez, que des poëtes? Et les premiers furent poëtes eux mesmes et la traicterent en leur art. Platon n'est qu'un poëte descousu. (II-12 p. 537 c)

Ce qui «descoud» ainsi le discours, c'est l'inspiration. Cette force intérieure fait lever la pâte langagière, puis éclater les enchaînements rhétoriques. L'inspiration retient dans la voix perdue ce qui, à peine métaphorisé, la motive, à savoir le souffle, et qui, venu de la profondeur volcanique, casse la croûte superficielle. Alors la parole naît, imprévue, oublieuse des règles, elle déjoue le «contrerolle» et se fait fureur[1].

Montaigne n'était pas poète au sens traditionnel du terme, mais nous savons déjà que la poésie avait eu le pouvoir de le «transpercer et transporter» tout enfant

> Je l'ayme infiniment; je me cognois assez aux ouvrages d'autruy; mais je fay, à la verité, l'enfant quand j'y veux mettre la main. (II-17 p. 635)[2]

Il avait toujours expérimenté cette

> condition de nature [qui] veut estre eschauffée et reveillée par les occasions estrangeres, presentes et fortuites [...]. L'agitation est sa vie et sa grace. (I-10 p. 40 a)

Nous avons vu qu'à cheval il est assailli par des «resveries folles» qui sont peut-être autant d'éclats de la vérité: l'inspiration est cette folie qui, nous dépossèdant de nous-

---

1 De nombreux passages des *Essais* font état de l'inspiration: I-14 p. 44, b,c; I-24 p. 127-128 a; I-37 p. 231-232 c; II-2 p. 347-348 a; III-9 p. 994-995 c, pour nous en tenir aux plus explicites.

2 «Quand je me meslois de faire des vers (et n'en fis jamais que des Latins) ils accusoient evidemment le poëte que je venois dernierement de lire» (III-5 p. 875 b). Montaigne met cet échec sur le compte de sa «condition singeresse», mais peut-être faut-il accuser là encore son «institution», qui le priva de sa langue maternelle.

mêmes, nous sauve de la folie des fausses sagesses. Ses «démoneries» étaient en Socrate le seul trait que Montaigne avait du mal à «digérer»; mais peut être étaient-elles

> (b) certaine impulsion de volonté, qui se presentoit à luy, sans attendre le conseil de son discours [...]. Chacun sent en soy quelque image de telles agitations (c) d'une opinion prompte, vehemente et fortuite [...], (b) et en ay eu ausquelles je me laissay emporter si utilement et heureusement qu'elles pourroient estre jugées tenir quelque chose d'inspiration divine. (I-11 p. 44)

L'essentiel est dit dans ces quelques lignes: l'inspiration est la seule voie ouverte à l'exercice de la «bonne foy». Il fallait la susciter par l'écriture. Quand il est à son livre, il est attentif à capter ces moments fugitifs, et si sa main travaille à en garder le trace, elle est surtout douée d'une vertu agissante, inventrice qui les provoque. Alors l'écriture n'est plus mensonge, mais instrument de découverte et de vérité:

> Ceci m'advient aussi: que je ne me trouve pas où je me cherche; et me trouve plus par rencontre que par l'inquisition de mon jugement. J'aurai eslancé quelque subtilité en escrivant [...]; je l'ay si bien perdue que je ne sçay ce que j'ay voulu dire: et l'a l'estranger descouverte par fois avant moy. (I-10 p. 40 c)

> En mes escris mesmes je ne retrouve pas tousjours l'air de me premiere imagination: je ne sçay ce que j'ay voulu dire, et m'eschaude souvent à corriger et y mettre en nouveau sens, pour avoir perdu le premier, qui valloit mieux. (II-12 p. 566 b).

Ecrire, c'est, dans le présent de la main qui court sur la feuille, risquer des «subtilités» survenues contre toute attente, parce que déjà elle laisse aux mots «l'initiative». Il faudra attendre Mallarmé pour que cette vérité de l'écriture soit reconnue par les écrivains. Ecrire, ce n'est même plus laisser venir «les monstres et chimeres fantasques», ces mots en cavale qui emportent l'esprit, c'est les provoquer, les inviter, les inventer aussi bien. L'écriture livre alors de divines surprises:

> (b) Moy qui suis Roy de la matiere que je traicte, et qui n'en dois conte à personne, ne m'en crois pourtant pas du tout: je hasarde souvent des boutades de mon esprit, desquelles je me deffie (c) et certaines finesses verbales dequoy je secoue les oreilles; (b) mais je les laisse courir à l'adventure. (III-8 p. 943)

Du Bellay l'avait dit déjà, au premier sonnet de ses *Regrets:* «Soit de bien, soit de mal, j'escris à l'adventure». Si le poète écrit de «ce qui peut advenir», sa fonction est de guetter l'inconnu de «l'adventure»; «Roy» (et non Dieu) de sa matière, loin de s'en croire, il attend le moment d'être dessaisi de son royaume imaginaire pour jouir d'une joyeuse ivresse. Le poète ne maîtrise pas ses «verves», ce sont elles qui le possèdent, et l'auteur n'est jamais celui qu'on croit. Rabelais aussi l'avait déjà dit au Prologue de son Tiers Livre[1].

L'ART DE LIRE

La plume est l'innocent stratagème qui provoque l'inspiration; mais celle-ci a encore besoin d'être préparée de plus loin pour parvenir à son point de maturité. C'est à quoi sert la technique de lecture propre à Montaigne. On a toujours eu du mal à le croire, lorsqu'il déclare lire peu et rarement, tant son livre est riche de dépouilles livresques[2], et l'on s'est fait l'image d'un Montaigne besogneux, reclus dans sa «librairie» où il écumait ses livres. Pourtant nombre de confidences la démentent:

---

[1] Comme j'ai essayé de le montrer dans *Le Royaume d'exil*, Paris, 1990. Encore faut-il accorder foi à ses «folateries»!

[2] L'interprétation des *Essais* imposée par Villey était fondée sur les lectures de Montaigne, qu'il supposait incessantes et décisives

> (a) Je ne cherche aux livres qu'à m'y donner du plaisir par un honneste amusement [...]. (b) Si je m'y plantois, je m'y perdrois, et le temps: car j'ay un esprit primsautier. (II-10 p. 409)

> Je viens de courre d'un fil l'histoire de Tacitus (ce qui ne m'advient guere: il y a vingt ans que je ne mis en livre une heure de suite). (III-8 p. 940 b)

Non qu'il ne lise pas, mais il a érigé la discontinuité en règle de lecture, faisant encore une fois de nécessité vertu. Il en tire cet avantage qu'il évite de se perdre, au cas où une lecture serait trop attirante. Son enfance avait pâti de pareille séduction. Car ce qu'il appelle les «bons autheurs» ont ceci de paradoxal qu'ils envoûtent, et qu'il faut donc s'en méfier; ils n'éveillent pas la pensée, ils la paralysent, ils vous tiennent au lieu de vous entretenir:

> Quand j'escris, je me passe bien de la compaignie et souvenance des lives, de peur qu'ils n'interrompent ma forme. Aussi que, à la verité, les bons autheurs m'abattent par trop et rompent le courage. (III-5 p. 874 b)

Cette «forme» est celle, idéale, poétique, vers laquelle il tend et qu'il imagine toujours «meilleure» que celle qu'il «met en besongne» (II-17 p. 637 c). Aussi se défie-t-il des livres qui «l'estonnent et transissent d'admiration» (ibid.), ou de ceux qui réclameraient de lui un tel investissement, qu'il y perdrait sa liberté d'invention. Il fallait lire sans lire, ou choisir des auteurs qui relancent la pensée au lieu de l'écraser, parce que la leur n'a pas la force des trop grands, Sénèque par exemple, Plutarque surtout, l'éclectique, ouvert à tous sujets:

> (b) Je me puis plus malaiséement deffaire de Plutarque. Il est si universel et si plain qu'à toutes occasions, et quelque subject extravagant que vous ayez pris, il s'ingere à vostre besongne et vous tend une main liberale et inespuisable de

> richesses et d'embellissemens [...]. (c) Je ne le puis si peu racointer que je n'en tire cuisse ou aile. (III-5 p. 875)

Le livre parfait est «libéral», c'est dire qu'il n'impose pas ses dons, il les propose de façon que le lecteur puisse se donner à son tour. A vrai dire, Montaigne, dans sa «librairie», ne lit pas, il «feuillette», c'est son mot, quand bon lui semble, pour mettre en branle la machine des mots:

> Là, je feuillette à cette heure un livre, à cette heure un autre, sans ordre et sans dessein, à pieces descousues: tantost je resve, tantost j'enregistre et dicte, en me promenant, mes songes que voicy. (III-3 p. 828 b)

> Je feuillette les livres, je ne les estudie pas: ce qui m'en demeure, c'est chose que je ne recognois plus estre d'autruy [...]; l'autheur, le lieu, les mots et autres circonstances, je les oublie incontinent. (II-17 p. 651 a)

La lecture, elle aussi, est ce qui reste quand on a tout oublié. En conséquence, Montaigne s'autorise un usage particulièrement désinvolte des citations, des «allegations», comme il dit. Il se contente de prélever à sa guise «cuisse ou aile», qui, coupées de leur contexte, et souvent modifiées dans leur forme, peuvent recevoir un sens tout autre que dans l'original. Sa pratique est celle du faux-sens ou du contre-sens délibérés, tant il est vrai que là encore la «bonne foy» est contrainte d'œuvrer à travers la mauvaise[1]. Montaigne ne lit

---

[1] Christine Brousseau-Beuermann a consacré un livre aux citations dans les *Essais, La Copie de Montaigne*. Paris, 1989. Un chapitre intitulé «Montaigne lecteur de mauvaise foi» pourrait concerner notre démonstration, mais son contenu est à mon sens fort décevant. Il va de soi que souvent Montaigne cite pour illustrer son propos ou l'embellir: il ne «tord» pas le sens» de toutes ses «allegations», mais il ne manque pas de le faire chaque fois qu'il peut. Antoine Compagnon a consacré un ouvrage à la citation, *La seconde main* (Paris, 1979), mais il n'a pas étudié cet aspect, que Rabelais, au Prologue de son *Gargantua*, avait déjà exposé: il faut rendre l'interprétation à la liberté du lecteur.

pas pour s'alourdir d'inutile savoir, mais pour inventer du sens, le sien. Il n'entend pas que «l'amas de fleurs estrangeres [le] couvrent» ou le «masquent»(III-12 p. 1055 b). Son scepticisme y était sans doute pour quelque chose: il savait que les textes n'ont pas de sens qui leur appartienne, et que les grands n'ont d'autre fonction que d'en produire au gré du lecteur «suffisant», c'est-à-dire intelligent, qui, pour peu que «fortune» dirige sur lui l'inspiration, «ès escrits d'autruy [...] preste des sens et visages plus riches» (I-24 p. 127 a). Citer n'est pas répéter, mais détourner le sens, le «tordre», le «desguiser», les «difformer» à nouvel usage:

> je tors bien plus volontiers une bonne sentence pour le coudre sur moy, que je ne tors mon fil pour l'aller querir. (I-26 p. 171 c)

> Parmy tant d'emprunts je suis bien aise d'en pouvoir desrober quelqu'un, les desguisant et difformant à nouveau service. (III-12 p. 1056 c)

Désinvolture de larron grand seigneur, «Roy» du butin qu'il s'approprie.

«L'ALLEURE POETIQUE, À SAUTS ET À GAMBADES»

> Il faut avoir un peu de folie qui ne veut avoir plus de sottise. (III-9 p. 995 b)

Puisque l'inspiration est une folie, elle ne peut s'enlever que sur fond de sagesse – ou de «sottise», c'est tout un. Ce double registre était nécessaire à la stratégie des *Essais*: il leur fallait une assise raisonnable pour que «la folie» pût à ses moments disperser l'appareillage usuel du sens. Les «allegations», on vient de le voir, répondent à ce dessein, mais aussi la disposition (au sens rhétorique du terme) des chapitres. Contrairement à l'idée reçue dès le temps des

Essais[1] et largement répandue depuis lors, Montaigne compose ses chapitres presque à la manière d'un bon élève: il n'en est pas, surtout les plus longs (l'*Apologie* notamment), dans lequel on ne puisse suivre un «plan», pourvu qu'on ne soit pas «l'indiligent lecteur» sur lequel il rejette l'accusation d'obscurité. Bien plus, il n'est pas avare des liaisons qu'il prétend mépriser[2]: il jalonne son propos de mots qui en marquent les articulations logiques, et lorsque le fil en a été abandonné, il manque rarement de souligner le point où il le reprend d'un «pour revenir à mon propos», ou de toute autre formule équivalente[3]. Montaigne ne se lance jamais à l'aveuglette, car il faut savoir où l'on va, pour risquer l'aventure et la chance de se perdre, il faut suivre un canevas pour mieux s'en défaire, comme étaler nombre de citations pour mieux «tordre le sens» de certaines. La «folie» lance un défi à la «sottise» du sens établi, car l'inspiration est un don furtif que l'art doit savoir provoquer. Montaigne s'oblige au moule des «sujets tracassez», des formes figées pour le mieux le rompre à l'occasion: c'est là un

---

[1] Etienne Pasquier, par exemple: «Tout son Livre n'est pas proprement un parterre, ordonné de divers carreaux et bordures: ains une prairie diversifiée pesle-mesme et sans art de plusieurs fleurs» (ed. Villey-Saulnier p. 1209).

[2] «J'entends que la matiere se distingue de soy-mesmes. Elle montre assez où elle se change, où elle conclud, où elle commence, où elle se reprend, sans l'entrelasser de paroles de liaison et de coustures introduictes pour le service des oreilles foibles ou nonchallantes, et sans me gloser moymesme» (III-9 p. 995 b); «je n'ayme point de tissure où les liaisons et les coustures paroissent, tout ainsi qu'en un beau corps, il ne faut qu'on y puisse compter les os et les veines» (I-26 p. 172 a).

[3] Montaigne a lui-même accrédité l'idée du désordre de son livre dans nombre de déclarations qu'on eut le tort de prendre au pied de la lettre. L'analyse du plan de nombreux chapitres a été tentée par William Traeger, *Aufbau und Gedankenführung in Montaignes Essays* (Heidelberg, 1961): même si elle ne convaint pas toujours, cette étude a le mérite de montrer qu'elle est possible. André Tournon s'est vigoureusement et décisivement attaché à dénoncer le pseudo-désordre des *Essais*, dans son étude *Montaigne, la glose et l'essai* (Lyon, 1983): il démonte avec talent les différents ressorts de la logique montaignienne.

stratagème parfaitement lucide et prémédité, dont il s'amuse lui-même.

Comme en ce bref chapitre «Des noms» (I-46), qui, dans sa première moûture de 1580, semble parodier la méthode, à croire que Montaigne avait voulu donner au lecteur le mode d'emploi de son livre. Il se propose de «faire icy une galimafrée de divers articles» à propos de noms, et il introduit chacun d'eux par un «item» comiquement répété. Vient le moment où il faut bien «clorre nostre conte» (p. 278), qui n'en était pas un, et Montaigne se contente de joindre un cas semblable aux précédents. Mais voilà que soudain l'inespéré survient: ce dernier exemple mettait en cause «la gloire», et la lumière jaillit:

> Mais cette consideration me tire par force à un autre champ. Sondons un peu de près, et, pour Dieu, regardons à quel fondement nous attachons cette gloire et reputation pour laquelle se bouleverse le monde. (p. 279)

Quand la «force» vous «tire» ainsi d'un «champ» à un autre à la faveur d'une «consideration» à laquelle on ne prêtait guère d'importance, c'est que «le possible» fait effraction, et sa violence, sa soudaineté en authentifient la révélation[1]. La digression qui suit n'est peut-être pas capitale, mais c'est son mouvement qui importe, car la digression est ce moment où la porte s'ouvre vers «ce qui peut advenir». Les *Essais* obéissent à une stratégie, qui a pour fin le surgissement de l'imprévu. Alors, la rhétorique de la disposition et des formulations usuelles se casse, et les secrets de la profondeur remontent au regard de la pensée-écriture: «sondons un peu de près», «regardons à quels fondemens»! La digression

---

[1] Certains chapitres, qui sont faits comme celui «Des noms», d'une «galimafrée» d'exemples, ne donnent pas lieu au sursaut de l'inspiration (par exemple I-48. 49, II-9). Si Montaigne les a gardés, est-ce parce qu'il suivait la mode des «centons», comme on l'a dit? N'est-ce pas plutôt qu'il fallait montrer que l'inspiration n'est pas un pari toujours gagné, et qu'il s'en gardait la chance pour une relecture.

crée des failles dans le discours, par où la voix de la Pythie monte à la surface, quelle que soit la vanité des «arguments» qui la suscitent. Aussi tous lui sont «esgallement fertiles» et elle les prend aussi bien «sur une mouche» (III-5 p. 876 b). Nous le savions déjà: «Tout mouvement nous descouvre» (I-50 p. 302 c)[1]: le mouvement de l'inspiration surgit aussi bien à l'occasion de rien pour accomplir la découverte de soi. Il n'est donc d'écriture vraie que fragmentée: éclats furtifs, «fusées», dira Baudelaire, qui s'éteignent aussitôt que brûlés. L'inspiration n'est pas chez Montaigne le flot de paroles échappées du tonneau diogénique: la *copia* rabelaisienne était à ses yeux le débordement d'une rhétorique qu'il jugeait simplement «plaisante». La discontinuité est bien la marque de la condition humaine, mais si Montaigne, on s'en souvient, la vivait comme une malédiction, elle offrait aussi le bonheur d'accéder à l'inconnu.

L'ensemble du dispositif opère donc à deux niveaux: il faut une strate solide, sage, ordonnée, pour que se produise l'envol brisé, capricieux, toujours limité, des «gaillardes escapades» dans la folie. Montaigne «ayme l'alleure poetique, à sauts et à gambades» (III-9 p. 994 b), c'est-à-dire une prose qui rompt avec le caractère résolutif, conclusif de la langue «normale». Montaigne invente le style de la rature qui fait état de ce qu'il lui est nécessaire de briser, qui l'étale même pour mieux le briser. C'est en montrant et en refusant l'ordonnance des démonstrations qu'il parvient à exprimer le doute où gît sa «bonne foy», enfin!

> (b) Je vais au change, indiscrettement et tumultuairement. (c) Mon stile et mon esprit vont vagabondant de mesmes. (III-9 p. 995)

---

[1] Il faut lire tout le passage d'où je tire cet aphorisme; en voici le début: «Je prends de la fortune le premier argument. Ils me sont également bons».

«Le change», telle est la morale de son écriture, sa manière paradoxale d'être fidèle à soi. C'est pourquoi, prenant assurance dans sa force, il se lance avec le temps dans des chapitres de plus en plus longs, dont il brouille et disperse l'ordonnance prévue; c'est pourquoi, se relisant, il ajoute, d'édition en édition, des «allongeails» qui se greffent sur le texte premier, et qui sont autant de «boutées» nouvelles de son inspiration. «J'adjouste, mais je ne corrige pas»: le style de la rature implique de garder l'assise textuelle sur laquelle il prend essor, quitte parfois, rarement, à se contredire[1]. Tout lecteur attentif des *Essais* est contraint de se perdre et retrouver dans le dédale des longs ou brefs chapitres, de suivre le fil des réflexions qui s'enchaînent les unes les autres par des liens digressifs, qui brisent la dialectique des rhéteurs, mais non la logique de l'invention[2].

Ce vagabondage de la pensée se confondait avec celui de sa plume. Quand Montaigne déclare qu'il «écrit à l'adventure», qu'il «ne corrige pas», il ne veut pas dire qu'il écrit sans se surveiller. Tout prouve le contraire, notamment les pages scrupuleusement travaillées de son exemplaire, où l'éruption de la pensée l'oblige à la rigueur dans le choix des mots. L'inspiration n'est pas l'abandon du regard, mais le moment de sa plus extême lucidité:

---

[1] On a beaucoup exagéré la place des contradictions dans les *Essais* pour y voir les signes de son «évolution». «Mon livre est tousjours un», affirme à juste titre Montaigne, précisant que s'il ajoute «quelque embleme supernumeraire», «ce ne sont que surpoids qui ne condamnent pas la premiere forme, mais donnent quelque pris particulier à chacune des suivantes par une petite subtilité ambitieuse» (III-9 p. 964 c). «Je me contredits bien à l'adventure, mais la verité, comme disoit Demades, je ne la contredy point» (III-2 p. 805 b): ces contradictions sont celles de sa «complexion», non de son propos. Ajoutons que celui-ci ne relève pas non plus d'un «maniérisme», dont Michel Butor a cru pouvoir décerner l'éloge à un Montaigne «artiste».

[2] C'est en grande partie l'objet du travail d'André Tournon cité plus haut. Je me permets de renvoyer aux réflexions que j'ai avancées sur ce thème dans un bref article, «La digression ou l'oralité dans l'écriture» (in *Logique et littérature à la Renaissance*, Paris, 1994)

> Semant icy un mot, icy un autre, eschantillons despris de leur piece, escartez sans dessein et sans promesse, je ne suis pas tenu d'en faire bon, ny de m'y tenir moy mesme, sans varier quand il me plaist; et me rendre au doubte et incertitude, et à ma maistresse forme, qui est l'ignorance. (I-50 p. 302 c)

Montaigne «sème» les mots, à l'aventure peut-être, mais il est attentif à ce qu'ils font germer en lui, à savoir d'autres mots encore. La langue n'est pas l'instrument du sens, mais son corps vivant, agissant. Elle ne le suit pas, contrairement à ce qu'il croyait être la vertu de la poésie antique, elle ne l'habille pas, elle le produit. C'est pourquoi les mots ne sont jamais sûrs d'eux-mêmes, lorsqu'on laisse opérer leur vertu inventrice, dubitative; ils essaient, ils expérimentent leur limite et le plaisir commande l'exercice. Dans un article déjà ancien[1], j'avais essayé de montrer comment le réseau comparatif, qui forme l'assise rationnelle du texte, cède la place à un réseau que je nommais métaphorique, lorsque les mots, prenant l'initiative du sens, se bousculent sous la plume, non sans incohérence parfois, dans l'attente du mot «propre» qui fait défaut. La métaphore est dans le langage la marque de son impropriété, de son inquiétude; grâce à quoi il se renouvelle. Aussi Montaigne avait-il bien tort de reprocher aux lecteurs de son temps de s'attarder à la langue des *Essais:* «Ce n'est pas tant eslever les mots, comme c'est deprimer le sens» (I-40 p. 251 c), pensait-il. Mais à d'autres moments, il savait que les mots sont le terreau bien réel qui compose la saveur et la teneur de la vérité.

---

1 «Les comparaisons dans les *Essais*» (*Revue d'Histoire littéraire de la France*, 1966). Cette étude, sans doute trop schématique, a toujours le mérite à mes yeux de signaler la différence de registre dans l'écriture de Montaigne. Il va de soi que les quelques remarques que j'avance ici sur le style «poétique» des *Essais* sont extrêmement succinctes. Elles ont pour seul but d'inciter à une analyse détaillée

LA «BONNE FOY», ENFIN?

Le pari est-il enfin gagné? Le seuil de la vérité est-il franchi dans ces éclairs d'illuminations, si furtifs soient-ils? L'inspiration, même doublée de lucidité, est-elle «l'originel langage des dieux»? Suffit-il d'oublier la rhétorique pour lui échapper, à la manière des «chambrières» ou des forts des halles, chez qui la métaphore coule de source? Il serait surprenant, reconnaissons-le, que la prudence de Montaigne se risque en des affirmations trop définitives: il n'y a jamais de pas gagné, il faut savoir tenir et relâcher en même temps.

Car Montaigne très sincèrement ne sait trop que penser de son entreprise: il a conscience de son originalité, mais est-ce assez pour la sauver? Il avoue ce doute au début du chapitre «De l'affection des peres aux enfants» (II-8), qu'il dédie à Madame d'Estissac:

> (a) Madame, si l'estrangeté ne me sauve, et la nouvelleté, qui ont accoustumé de donner pris aux choses, je ne sors jamais à mon honneur de cette sotte entreprise; mais elle est si fantastique et a un visage si esloigné de l'usage commun que cela luy pourra donner passage [...] C'est (c) le seul livre au monde de son espèce, (a) d'un dessein farouche et monstrueux. Il n'y a rien aussi en cette besoingne digne d'estre remerqué que cette bizarrerie: car à un subject si vain et si vile le meilleur ouvrier du monde n'eust sçeu donner façon qui merite qu'on en face conte. (p.385)

Il savait bien qu'à part «deux ou trois anciens qui [avaient] battu ce chemin» avant lui (II-6 p. 377-8) (lesquels, au juste?), il frayait une voie entièrement neuve, dont nous sommes enfin en mesure de dire aujourd'hui qu'elle a ouvert toute la modernité. Mais lui hésitait en toute bonne foi, et ne refusait pas de penser qu'il écrivait une œuvre – qui sait? – fondamentale:

> Pour moy, je ne juge la valeur d'autre besongne plus obscurement que de la mienne: et loge les Essais tantost

> bas, tantost haut, fort inconstamment et doubteusement. (III-8 p. 939 b)

A tout le moins, il se résignait alors à ce qui n'aurait été qu'un «amusement»:

> Et quand personne ne me lira, ay-je perdu mon temps de m'estre entretenu tant d'heures oisifves à pensemens si utiles et aggreables? (II-18 p. 665 c)

L'agrément fait peut-être à lui seul toute l'utilité, mais il doit bien contenir une part de vérité, puisqu'il est un signe de Nature: «Ce qui vient selon elle doibt estre tousjours plaisant» (III-13 p. 1102 c). Mais il sait aussi que «tout ce qui plaist ne paist pas» (III-12 p. 1040 c). Nous le lisions un peu plus haut: Montaigne se contente de «varier quand il [lui] plaist», ou encore de « branler, pendant que le branle [lui] plaist» (III-9 p. 977 b), sans illusion.

A d'autres moments, le soupçon se fait plus insistant: sa stratégie d'écriture, fût-elle de bonne guerre, est encore une ruse. Le mensonge sait se déguiser en bon apôtre, jusque dans le langage le plus dru, le plus véridique, celui qui lui plaît:

> Au demeurant, mon langage n'a rien de facile et de poly, il est aspre, ayant ses dipositions libres et desreiglées, et me plaist ainsi. Mais je sens bien que par fois je m'y laisse trop aller, et qu'à force de vouloir eviter l'art et l'affectation, j'y retombe d'une autre part: *brevis esse laboro, obscurus fio.* (II-17 p. 638 a)

Le regard vicie autant qu'il purifie! La simplicité qui se sait, qui se surveille, n'est plus simple; à force d'être cultivée, elle devient une figure de la rhétorique, bien qu'elle ne soit pas répertoriée dans son catalogue. Le naturel est alors le comble de l'art Qui cherche la brièveté contre la logorrhée, «l'aspreté» contre les mignardises, tombe dans l'obscurité et «l'affectation», comme il se voit chez Sénèque ou Lucain. Il y a un style oraculaire qui se prête au pastiche. Montaigne est d'autant plus sensible à ces reproches, qu'ils viennent de lecteurs qu'il a faits juges de sa «bonne foy»:

> (b) Voilà un discours ignorant. Voilà un discours paradoxe. En voilà un trop fol. (c) Tu te joues souvent; on estimera que tu dies à droit ce que tu dies à feinte. (III-5 p. 875)

Certains voyaient même, on s'en souvient, si clair dans son jeu, qu'ils disaient que ce qu'il «appelle franchise, simplesse et nayfveté en [ses] mœurs, c'est art et finesse [...], et plustost industrie que nature» (III-1 p. 795 b). S'ils «font sa finesse trop fine», il en tire quelque fierté, car finalement, ajoute-t-il, l'essentiel est que «l'apparence» soit sauve:

> Qui m'aura suyvi et espié de près, je luy donray gaigné, s'il ne confesse qu'il n'y a point de regle en leur escolle, qui sçeut rapporter ce naturel mouvement et maintenir une apparence de liberté et de licence si pareille et inflexible parmy des routes si tortues et diverses, et que toute leur attention et engin ne les y sçauroit conduire. (ibid.)

Il y va de l'écriture comme de la conduite quotidienne: il suffit de «rapporter» le naturel, c'est-à-dire d'en mimer, représenter le libre mouvement qu'on lui prête. «L'engin» (l'habileté) de Montaigne se résigne à en feindre les dehors. Il n'est pas d'autre manière pour rendre la mauvaise foi moins mauvaise. Le style poético-prosaïque n'échappe pas à cette nécessité:

> Je m'esgare, mais plustost par licence que par mesgarde. (III-9 p. 994 b)

La «fureur» n'eschappe pas au «contrerolle»: Montaigne s'autorise ses égarements, et il ne s'accorde de liberté que surveillée, il ne se perd qu'à condition de se suivre. Les dialogues de Platon eux aussi simulaient la folie:

> Ils ne creignent point ces muances, et ont une merveilleuse grace à se laisser ainsi rouler au vent, ou à le sembler [...]. O Dieu, que ces gaillardes escapables, que cette variation a de beauté, et plus lors qu'elle retire au nonchalant et fortuite. (ibid. c)

«Retirer au nonchalant», en donner l'air, «sembler» se laisser «rouler au vent»: nous savions que l'art vient au secours du naturel en le singeant.

Et puis, à y bien réfléchir, pourquoi faudrait-il croire que c'est «le pur enthousiasme» et «la sainte verité» qui inspireraient «l'esprit philosophique»? (II-12 p. 568 c). Là aussi le doute s'insinue; quelle marque authentifie la pureté originelle? Car si la philosophie admet que «noz songes valent mieux que nos discours», et que la folie est nostre sagesse, Montaigne pour sa part a

> l'advisement de remarquer que la voix qui faict l'esprit, quand il est despris de l'homme, si clair-voyant, si grand, si parfaict, et pendant qu'il est en l'homme, si terreste, ignorant et tenebreux, c'est une voix partant de l'esprit qui est partie de l'homme terrestre, ignorant et tenebreux, et à cette cause voix infiable et incroyable.

Le lyrisme désenchanté de cette phrase expose un argument redoutable. Quand la voix se fait oraculaire, parce qu'elle obéit à «l'esprit» «despris» de l'homme et s'épanche dans la «fureur», elle semble exprimer la grandeur et la clairvoyance de la divinité. Quand bien même il en serait ainsi, peut-on oublier que cette voix, dont on fait l'organe le plus proche de la divinité, est encore «partie de l'homme», et à ce titre «infiable et incroyable»? A supposer qu'elle puisse venir jusqu'à nous, la vérité doit emprunter un canal trop humain pour demeurer intacte. Comment avions-nous pu penser que «la voix» était en chacun ce qui exprimerait sa vérité, la vérité? Les poètes inspirés sont-ils vraiment hors d'eux et comme fous?

Montaigne n'a pas voulu être de ces héros qui prennent le risque de la folie jusqu'au bout, comme ce pauvre Torquato Tasso dont le sort le dépita sans l'émou-voir, quand il le vit en 1581 dans l'asile où il avait fallu l'enfermer:

> J'eus plus de despit que de compassion, de le voir à Ferrare en si piteux estat, survivant à soy-mesmes, mesconnoissant et soy et ses ouvrages. (III-12 p. 492 a)

Pourtant Montaigne admirait ce premier des poètes maudits, en qui il voyait «l'un des plus judicieux, ingenieux et plus formés à l'air de cette antique et pure poësie» (ibid.)[1]. Tendu vers la vérité, il avait payé de sa raison son «exacte et tendue apprehension de la raison»; sa «clarté» l'avait «aveuglé»:

> (b) Dequoy se faict la plus subtile folie, que de la plus subtile sagesse? [...] Il n'y a qu'un demy tour de cheville à passer de l'un à l'autre. (a) Aux actions des hommes insansez, nous voyons combien proprement s'avient la folie avecq les plus vigoureuses operations de nostre ame. Qui ne sçait combien est imperceptible le voisinage d'entre la folie aveq les gaillardes elevations d'un esprit libre. (ibid.)

Le lui reprochera qui voudra: Montaigne s'est gardé de donner à sa «cheville» raisonnable le «demy tour» qui l'aurait fait passer d'un «voisinage» à l'autre, et qui aurait fait sonner le juste ton à sa sagesse dans le grand air de la folie. Où est l'héroïsme? Suivre jusqu'au bout les «gaillardes elevations» de la liberté, quitte à perdre la conscience de soi, ou garder jusqu'au bout le «contrerolle» de celle-ci? Montaigne a choisi: il écrirait sa folie pour se préserver d'y sombrer, et d'être pris par cette «vivacité meurtriere» qui chez le Tasse avait eu raison de la raison. Moyennant quoi, il inaugurait

---

[1] Montaigne fut frappé de cette rencontre. Avant son voyage des années 1580-1581, il ignorait Le Tasse qu'il dut lire alors, car dès son retour, dans l'édition de 1582, il lui fait quatre emprunts, suivis de trois autres en 1588.

pour des siècles la tradition de la fameuse «clarté française», qui devait oublier que la clarté est parfois peut-être le pire des aveuglements.

CONCLUSION

La littérature en jeu: L'envers du discours et l'utopie

«Bonne foy», mauvaise foi: le débat, on l'a compris, n'appelle nulle conclusion. La malice du Démon est nécessaire au plus pur Archange: «Le vray vaincre a pour son roolle l'estour, non pas le salut» (I-31 p. 212 c); la victoire ne justifie aucun combattant, elle fait tout au plus la fausse gloire des vaniteux.

Une question survient alors: et si l'enjeu réel des *Essais* n'avait pas été de faire guerroyer le vrai contre le mensonge? Et si le gain espéré était autre que le triomphe d'une sincérité impossible? Il se pourrait que la «bonne foy» ait servi d'alibi à Montaigne pour l'exploration pacifique, mais inquiète, dangereuse, d'une terre dont la conscience de ce temps découvrait l'étendue et les mystères: le langage. Pour devenir l'homme de parole qu'il s'était promis d'être, Montaigne devait «sonder» l'origine et la nature de cette force irrépressible qui fait des humains des êtres de la parole. La morale et le vrai avaient jusqu'alors justifié les fictions de la littérature, mais il y avait désormais une tâche plus urgente, celle de percer les vertus équivoques du «je parle».

Je pense ici à une formule admirablement tranchante par laquelle Michel Foucault séparait l'Ancien et le Moderne: «La vérité grecque a tremblé jadis en cette seule affirmation: *Je mens. Je parle* met à l'épreuve toute la fiction moderne»[1]. Il explicitait ainsi son propos: «On a l'habitude de croire que la littérature moderne se caractérise par un redoublement qui lui

[1] «La pensée du dehors», in *Critique*, juin 1966, n° 229, consacré à Maurice Blanchot. Réédité in *Dits et Ecrits*, Paris, 1994, I p. 518-539.

permettrait de se désigner elle-même [...]. Il s'agit beaucoup plus d'un passage *au dehors:* le langage échappe au mode d'être du discours – c'est-à-dire à la dynastie de la représentation [...]. La littérature, ce n'est pas le langage se rapprochant de soi jusqu'au point de sa brûlante manifestation, c'est le langage se mettant au plus loin de lui-même: et, en cette mise «hors de soi», il dévoile son être propre, cette clarté soudaine révèle un écart plutôt qu'un repli [...]. Le *sujet* de la littérature (ce qui parle en elle et ce dont elle parle), ce ne serait pas tellement le langage en sa positivité, que le vide où il trouve son espace quand il s'énonce dans la nudité du *je parle.*»[1]

La caractéristique de la «littérature» qui naît à la Renaissance ne serait pas le «repli» de l'auto-référence qui ferait de l'écrivain son propre critique, mais «l'écart», le saut par lequel un auteur tente de «passer au dehors» de la parole, de la contourner pour en considérer l'envers et remonter jusqu'à la source d'où, en son désert, elle coule en nous. Notre étude des *Essais* aura montré, je pense, combien l'une et l'autre de ces dispositions spéculaires y étaient habituelles et liées entre elles: c'est parce que Montaigne replie sur son «entreprise» son regard étonné qu'il est conduit à s'interroger sur l'extérieur de la parole qui monte en lui: jusqu'où faut-il lui accorder confiance? et, pour le savoir, d'où vient-elle?[2] J'aimerais avoir montré que l'importance des *Essais* tient au fait que leur vraie question n'a plus été celle du «je mens» (Montaigne, nous l'avons vu, s'y résignait finalement) mais

---

1 Ibid. p. 521-522.

2 Il manquait à Foucault l'acuité, non certes de l'intelligence, mais de l'histoire. A l'en croire, Sade le premier aurait manifesté la rupture dont il parle: «Il est moins aventureux de supposer que la première déchirure par où la pensée du dehors s'est fait jour pour nous, c'est d'une manière paradoxale dans le monologue ressassant de Sade» (p. 526). Curieusement, et en réaction contre les classifications des historiens sans doute, Foucault n'a jamais attribué à la Renaissance le rôle de rupture que ceux-ci généralement lui accordent. Cela est particulièrement perceptible dans *Les mots et les choses.*

celle du «je parle»: venu de quel «dehors», à quel exercice contraint-il la conscience? Au départ, la «bonne foy» se proposait de débusquer le mensonge, par une parole qui se ferait regard, voix, écriture, jusqu'au moment où l'inouï de cette parole, de toutes les paroles, l'a comme stupéfait: elle autorisait tous les «tours de l'humaine capacité»; elle ouvait aussi tous les «possibles». Dans l'inconnu de cet ailleurs familier, Aristote, avait placé la «poésie»; il fallait en explorer le mystère, en retourner l'envers. Déjà Rabelais, au Prologue de son *Tiers Livre*, s'amusait du bruissement de son ivresse langagière, jaillie de son «tonneau fictil». Au même moment, mais de façon infiniment plus critique et subversive, le *Cymbalum Mundi* de Bonaventure Des Périers mettait en déroute toute prétention de la parole humaine à la vérité. Parallèlement, le retour des théories de l'inspiration, empruntées à la tradition platonicienne par les poètes de la Pléïade, marquait la surprise devant la force irrépressible et comme folle d'une parole qui ne s'expliquait pas la nécessité de son élan, de ses rythmes. On appelait cela «Nature», «Dieu» ou «les dieux», tous termes qui masquaient en le désignant ce dehors insaisissable, bien plus qu'ils ne le définissaient. La démarche de Montaigne s'inscrit à l'évidence dans cette lignée, mais elle tente d'aller plus loin, quitte à s'aveugler de sa clarté, car la parole ne peut pas plus se parler, sans doute, que l'œil se regarder.

Cet effort par lequel un sujet de l'écriture tentait de se décentrer par rapport à l'écriture jusque dans son exercice, explique cette nostalgie de l'origine, par delà même l'enfance, qui a pris dans toutes les œuvres fortes la figure de l'utopie. Celle-ci naît vraiment au XVI° siècle, comme genre, comme thème: il ne s'agissait nullement de s'évader du réel, mais de satisfaire l'obscur désir de se représenter ce pays sans lieu ni contour, aussi merveilleux que redoutable, où l'origine, faisant retour, dévoilerait aussi ses fins. Désormais la littérature ne sera qu'une longue utopie, par laquelle elle tentera de retrouver ses racines et justifier son existence. Montaigne le savait bien: «resverie», «fantasie», disait-il de son livre, c'est-à-dire fantasme.

La fiction utopique permettait de réserver sa part à la folie, mais de s'en prémunir aussi: elle offrait en effet le refuge d'un non-lieu, qui innocentait à l'avance le supposé coupable d'avoir cédé à la séduction des mots. La rhétorique avait de tout temps préservé l'écriture contre les dérives du sens, c'était même là sa fonction principale, elle avait corseté la composition dans des limites imposées, enserré l'expression dans un réseau de figures, moulé les genres et les styles dans un ensemble de règles. Mais voilà qu'en raison même de son retour, ses contraintes se desserraient, parce qu'elles ne paraissaient pas de nature à satisfaire les exigences et l'inquiétude de l'ère nouvelle, sa «curiosité», dénoncée par ceux-là même (dont Montaigne) qui y cédaient. L'écrivain s'ouvrait à l'infini des combinaisons formelles, il devait inventer un langage «inouï», sans pour autant se perdre dans ce champ illimité. La littérature comme utopie: la fiction, passant outre les interdits, accueillait le retour du refoulé et découvrait une nouvelle forme du poétique. Montaigne a inventé «l'essai», genre utopique, genre sans lieu dans la rhétorique. Dans ce nouvel espace, il se donnait la liberté de se mouvoir sans s'obliger à nulle «résolution»:

> Je propose les fantasies humaines, et miennes, simplement comme humaines fantasies, et separement considerées, non comme arrestées et reglées par l'ordonnance celeste, incapables de doubte et d'altercation. (I-56 p. 323 c)

Sur son «registre», il consignait l'inventaire de tous les «possibles». L'essai fut la forme sans clôture, où la poésie et le doute se confondaient, où il apprivoisait les «monstres et chimeres fantasques», c'est-à-dire tout ce que les normes antérieures avaient repoussé hors du langage. Non sans les «contreroller» pour en prendre la mesure et éviter d'y sombrer. Dans le même élan, il tentait de s'affranchir de tous les styles répertoriés, passant de l'un à l'autre au gré de ses «verves», jouant d'eux dans l'attente d'une «naïveté» qui mêlait l'oubli, l'insouciance et la lucidité. Utopie, là encore. Montaigne n'a pas un style, mais des styles, et si on lui reconnaît justement le mérite d'avoir été de ceux qui ont fixé la langue française, il le doit à cette muance qui définissait à ses yeux le style poétique.

A quelques encablures des *Essais*, le roman moderne naissait à son tour, qui dut son succès au fait qu'il faisait éclater les contraintes du récit pour explorer l'imaginaire de la fiction désintéressée de tout ambition allégorique, pour le plaisir. L'utopie, décidément, était bien la tentation de la littérature, à laquelle ni le théâtre, ni la poésie, dans le même temps, ne résistaient.

APPENDICE

Qu'est-ce que la mauvaise foi? Montaigne et Sartre

La mauvaise foi est la donnée originelle dont les *Essais* ne cessent de décrire les méandres, et contre laquelle ils se dressent comme l'ultime parade. Il importe donc de définir avec exactitude ce qu'ils nous donnent à entendre par elle.

La réduire à l'erreur ou au mensonge, ce serait en manquer l'essentiel: elle a perverti quelque chose de plus profond que la connaissance ou la morale, elle structure pour Montaigne la totalité de l'expérience. Ce qu'il constate inlassablement, ce sont les marques d'une dualité omniprésente, qui interdit à tout sujet d'être lui-même; il est partout trompé, «pipé», aliéné dans une autre part de ce qu'il est ou n'est plus. Autrement dit, la mauvaise foi est liée au partage qui fait notre «condition»:

> Nous sommes, je ne sçay comment, doubles en nous mesmes, qui fait que ce que nous croyons, nous ne le croyons pas, et ne nous pouvons deffaire de ce que nous condamnons. (II-16 p. 619 a)

Nous sommes toujours autres que ce que nous croyons être, et c'est pourquoi la mauvaise foi est la première de nos marques existentielles: elle ne relève pas du calcul. Si «nostre estre est simenté de qualitez maladives» (III-1 p.790 b), c'est qu'elles obéissent à une loi de dualité, qui les fait s'opposer entre elles, et qui en conséquence place le sujet lucide à distance de chacune d'elles sans qu'il puisse jamais s'identifier à aucune. Il lui est ainsi interdit de se trouver quelque part.

Cette esquisse d'une mauvaise foi existentielle fait inévitablement penser à l'analyse célèbre que Sartre en a donnée dans *L'Etre et le néant*. Si depuis lors philosophie et littérature se sont éloignées des rives existentialistes, les pages sartriennes n'en demeurent pas moins la référence obligée (en est-il d'autre?), ne serait-ce que pour mesurer la différence et la spécificité des *Essais*. Montaigne aurait pu en écrire nombre de formules, les plus radicales surtout: «Il s'agit dans la mauvaise foi, de constituer la réalité humaine comme un être qui est ce qu'il n'est pas et qui n'est pas ce qu'il est» (p. 103)[1], et peut-être aurait-il conclu avec Sartre, et contre sa propre affirmation liminaire: «L'idéal de sincérité est une tâche impossible à remplir» (p. 102). Mais Montaigne n'aurait pas souscrit au refus de Sartre d'en faire une donnée extérieure à la conscience: «On ne subit pas la mauvaise foi, on n'en est pas infecté, ce n'est pas un état» (p. 87). Il n'aurait pas non plus souscrit à sa conception qui faisait d'elle la marque de la «liberté» humaine: la mauvaise foi pour Sartre n'était rien d'autre que le porte-à-faux, grâce auquel la conscience, toujours en représentation devant elle-même et incapable de coïncider avec ce qu'elle était dans l'instant, jouissait d'un pouvoir de «néantisation» où elle affirmait son primat sur les choses. La fausseté, jusque dans la méconnaisance de soi, était sa marque: c'est ainsi que la gestuelle quelque peu forcée du fameux garçon de café soulignait le débordement de sa conscience au-delà de sa conduite.

L'existentialisme de Montaigne, si l'on peut dire, est tout autre. Sartre l'aurait condamné pour «chosisme». La mauvaise foi, telle que Montaigne l'entendait[2], avant d'apparaître dans

---

1 Paris, 1960.

2 Sur 90 occurences du terme «foy» dans les *Essais*, d'après la *Comcordance de Montaigne*, on compte dix emplois de l'expression «bonne foy», contre un seul de «mauvaise foy» (II-34 p. 742 a). Mais celle-ci, au sens de tromperie, ruse, est partout présente dans la pensée de Montaigne, ce qui m'autorise à en user pour intituler ce travail.

la conscience, s'ancre dans son extériorité, où il faut comprendre la pratique du monde, mais aussi les pensées, les affects, les actes du sujet lui-même. La mauvaise foi est une donnée objective, elle structure toute l'expérience, dont la conscience, phénomène second, ne fait que refléter le statut: si la conscience souffre de son partage, c'est que celui-ci est l'état de ce qu'elle doit vivre et qu'elle subit en retour pour l'aggraver. Il en résulte ceci, qui explique pourquoi, dans un monde que le mensonge a perverti, la conscience peut cependant affirmer, revendiquer son besoin d'honnêteté: la mauvaise foi ne lui est pas imputable, elle n'est pas la donnée immédiate que Sartre découvrait dans une sorte de *cogito* bergsonien à sa manière. Bien que victime, esclave peut-être même, de la tromperie universelle, elle est capable de la reconnaître et de dénoncer en elle ce qui détermine son mal-être. C'est parce que la conscience était originellement vierge du mensonge qu'elle peut revendiquer la «bonne foy» et faire d'elle son propre: si la fausseté, non contente d'avoir conquis le monde, l'avait de surcroît «infectée», on ne s'expliquerait pas le cri par lequel Montaigne ouvre son livre, on ne comprendrait pas comment l'exigence de vérité, ou sa nostalgie même, aurait pu survivre.

Si Montaigne avait dû prendre parti dans les querelles qui, dans les années 1950-60, opposèrent Sartre aux marxistes, nul doute qu'il se serait rangé aux côtés de ces derniers, dialectique et attente révolutionnaire mises à part[1], tant le poids du monde lui paraissait l'emporter sur la force de la conscience. Il minimisait toutefois si peu le rôle de celle-ci, qu'il avait exilé en elle tout l'espoir de son bien: «Le jugement tient chez moy un siege magistral, au moins il s'en efforce soingneusement» (III-13 p. 1074 b). Mais ce point

[1] Ce qui n'est pas rien, certes. Mais dans les *Essais*, la loi des contraires n'ouvre sur aucun dépassement, aucune «relève». La dialectique est bloquée, tétanisée, les pôles se renversent brutalement, et c'est ce qui en rend la lecture si malaisée, car on n'y suit la définition d'aucune pensée, d'aucune conduite arrêtées.

pur est à son tour non seulement assiégé par l'adversaire, mais soupçonné, en vertu d'un paradoxal retournement, d'être dans la Nature l'instance ultime qui la menace de disparaître.

INDEX

INDEX THÉMATIQUE

(Les numéros renvoient aux pages)

INDEX DES NOMS DE PERSONNES

INDEX DES CITATIONS DES *ESSAIS*

(le premier chiffre est celui des chapitres, les suivants ceux des pages dans l'étude)

TABLE DES MATIERES

pages

IMPRIM'VERT®

Achevé d'imprimer par Corlet,
Condé-en-Normandie (Calvados),
en Mai 2022
N° d'impression : 176138 - dépôt légal : Mai 2022
Imprimé en France